U0452786

天壹文化

从声到文字，分其人无看著

简明中国通史

主编
李学勤 郭志坤

黄爱梅 著

西周
封邦建国的礼乐世界

天地出版社 | TIANDI PRESS

图书在版编目（CIP）数据

封邦建国的礼乐世界：西周 / 黄爱梅著. —成都：天地出版社，2024.6
（简明中国通史 / 李学勤，郭志坤主编）
ISBN 978-7-5455-7919-2

Ⅰ.①封… Ⅱ.①李…②郭…③黄… Ⅲ.①中国历史—西周时代—通俗读物 Ⅳ.①K224.09

中国国家版本馆CIP数据核字（2023）第159227号

FENGBANG JIANGUO DE LIYUE SHIJIE: XIZHOU
封邦建国的礼乐世界：西周

出 品 人	陈小雨　杨　政
主　　编	李学勤　郭志坤
著　　者	黄爱梅
监　　制	陈　德　朱锦川
总 策 划	郭志坤
特约策划	文柏讲堂　申元书院
责任编辑	王业云　魏姗姗
责任校对	杨金原
责任印制	王学锋

出版发行	天地出版社
	（成都市锦江区三色路238号　邮政编码：610023）
	（北京市方庄芳群园3区3号　邮政编码：100078）
网　　址	http://www.tiandiph.com
电子邮箱	tianditg@163.com
经　　销	新华文轩出版传媒股份有限公司

印　　刷	北京文昌阁彩色印刷有限责任公司
版　　次	2024年6月第1版
印　　次	2024年6月第1次印刷
开　　本	880mm×1230mm　1/32
印　　张	10.5
字　　数	217千字
定　　价	58.00元
书　　号	ISBN 978-7-5455-7919-2

版权所有◆违者必究

咨询电话：(028) 86361282（总编室）
购书热线：(010) 67693207（营销中心）

如有印装错误，请与本社联系调换

序 一

上海的郭志坤先生是我多年的老友。在十几年前世纪之交的时候，我同郭先生曾经有过一次非常愉快的合作，就是依照他的提议，共同编写了一本通俗讲述中国古代历史的图书，题为《中国古史寻证》，列入上海科技教育出版社《名家与名编——世纪初的对话》丛书出版。当时没有料到这本书印行后博得相当不错的反响，这使郭先生和我都觉得所做的一番努力是值得的。

以这件事为契机，郭志坤先生同我有多次机会谈起历史学的通俗化问题。我们都认为，有必要组织编写一套系统讲说中国历史，将学术界的丰硕成果推广给大众的图书。郭先生精心拟出规划，并很快约请到多位学养深厚的作者，形成老中青结合的团队，投入了撰写的工作，其成果便是现在这套《细讲中国历史丛书》。

《细讲中国历史丛书》从夏商周三代写起，一直到最末的王朝清朝为止，全套共十二册。这套丛书的编写，贯穿了两条原则：就书的阅读对象来说，是"面向大众"；就书的语言风格而言，是"通俗化"。我认为郭志坤先生的这两条原则提得好，也提得及时。

先说"面向大众"。我近些年在不同场合屡次说过,历史虽不能吃,也不能穿,似乎与国计民生渺不相关,实际却是社会大众的一种不可缺少的精神需求。我们每一个人,不管从事什么职业,具有何种身份,都会自然而然地对历史产生一定的兴趣,这或许可以说是人的天性使然吧。一个人活在世界上,不但要认识现在,也必须回顾过去,这就涉及了历史。我从哪里来,又往哪里去,是每个人都会意识到的问题,这也离不开历史。人们不能只想到自己,还要考虑到我们的国家和民族,这就更应该了解历史。社会大众需要历史,历史学者自当"面向大众"。

抗日战争时期,历史学前辈钱穆先生在西南联大讲授"中国通史"课程,所撰讲义(出版后书名《国史大纲》)一开头便标举:"当信任何一国之国民,尤其是自称知识在水平线以上之国民,对其本国已往历史,应该略有所知。否则最多只算一有知识的人,不能算一有知识的国民。"历史学者的工作,不应只限于自身观察历史、探索历史,更有责任把所认识、所了解的历史,原原本本地告诉社会大众,使大家对历史有应有的认识和必要的了解。

特别是在今天,当我们的国家、民族正在走向伟大复兴之际,尤其有必要推动历史学"面向大众"。中国有五千多年的文明历史,我们的先人创造了辉煌而且源远流长的文化,对人类的发展进步做出过丰富卓越的贡献。我们有义务把这样的史实告诉社会大众,增强大家建设祖国、走向世界的凝聚力和自信心,从而为今后人类的发展进步做出更多更新的贡献,这应当成为历史学者的襟怀和抱负。

再谈"通俗化"。"面向大众"与"通俗化"是结合在一起的,要想真正做到"面向大众",历史著作就必须在语言和结构上力求"通俗化"。

说起"通俗化",我联想到我国"二十四史"之首《史记》的作者司马迁。司马迁是学究天人的大学者,是"读万卷书,行万里路"的典范,然而他撰著历史,引经据典,还是在通俗上下了很大功夫。比如他论述唐虞以来古史,自然离不开《尚书》,他本人曾受学于《尚书》博士孔安国,亲得古文《尚书》之学的传授,然而他在引用《尚书》时,对于古奥费解的字词,都采用意义相同的字词来代替,这应该说是在"通俗化"方面的重要创意。另外,司马迁还尽力将史事的叙述情节化,使之活现于读者眼前,无愧于历史家的大手笔。这都是后人需要学习的。

必须说明,"通俗化"并不意味着降低历史学著作的学术水准。相反,编写"通俗化"的历史作品,实际上对作者提出了更高的要求,绝不是轻易就能够做到的。在这里,我还想附带说一句,即使是专供学术界专业阅读的论著,其实也应当(而且也能够)写得简明流畅一些。不少著名的前辈学者,例如胡适、郭沫若、冯友兰等先生,他们的著作不都是这样的吗?

《细讲中国历史丛书》是"面向大众"的,并且在"通俗化"方向上做了很大的努力。郭志坤先生还说过:"通俗,通俗,只有通然后才能俗。"这也很有道理。这十二册书是一个整体，作者们在上下五千年的一个"通"字上花费了不少精力，对于内容的构架和文字作风也下了一番苦功夫，相信这套书的读者都会体认到他们的用心。

李学勤

2014年8月17日

序 二

我和李学勤先生在讨论历史学的通俗普及问题的时候，很自然地回忆起吴晗先生。20世纪50年代末，吴晗以史学界权威和北京市副市长的身份，向学界提出："要求各方面的学者、专家也来写一点通俗文章、通俗读物，把知识普及给民众。"吴晗不仅撰文提倡，向史学界游说，还亲自主编影响很大的《中国历史小丛书》。这段回忆让我们萌发了组织编纂《细讲中国历史丛书》的打算。

当我向李先生提交了编纂方案后，他认为，编纂这样一套书对以史鉴今、以史资政、以史励人是极有意义的事，很值得做。随后，我们又把多年酝酿的编纂构想做了大致的概括：突破以"阶级斗争为纲"和"残酷战争"描写的局限，注重阶层、民族以及国家之间的友好交融和交流的记述；突破"唯帝王将相"和"否帝王将相"两个极端的局限，注重客观反映领袖人物的历史作用以及"厚生""民本"思想的弘扬；突破长期分裂历史的局限，注重阐述统一始终是主流，分裂无论有多严重，最终都会重新走向统一；突破中原文化中心论的局限，注重全面介绍中华文化形成的多元性和影响力；突破历朝官方（修史）

文献的局限，注重正、野史兼用，神话传说等口述历史与文物文献并行；突破单一文字表述的局限，注重图文并茂，以考古文物图表为相关历史表述提供佐证。

《细讲中国历史丛书》的编纂重在创新、面向大众和通俗化。李先生认为这一美好的愿望和构想要付诸实施并非容易的事。他特别强调要组织专业队伍来撰写，并提出"让历史走向民众是史家们义不容辞的责任"。令我欣喜的是，精心撰写这套书的作者团队本身就是教师。他们中有的是学殖精深、卓有建树的史学名家，有的是以"滔滔以言"享誉学界的优秀教育工作者，其中多为年轻的历史学博士。由这样一个团队来担当编写中国历史读物的重任，当得起，也信得过。

我们把编纂的原则性方案统一后，在同作者商议时产生了某些疑虑：一是认为这类图书没有多大的市场；二是认为通俗作品是小儿科，进不了学术专著之殿堂。经过一番调查分析后，我们取得了共识，一致认为：昨天的历史是创造明天的向导，读者从中可以汲取最好的营养，好的历史通俗读物是很有市场的，因为青年读者中普遍存在历史饥饿感。本套丛书的作者深感，编写中国历史通俗读物，历史工作者最有得天独厚的条件和义不容辞的责任。旅外学者得悉我们在编纂这套丛书，认为这是很有价值的，也很及时。美国纽约州立大学历史学博士张德文参加撰写并专门来信期待我们早日推出这套丛书。她在信中说："在知识大众化、数字化的年代，历史学者不应游离在这个历史进程之外。个人电脑以及智能手机的普及，大大促进了人们对微知识的渴求。在此背景下，历史学者的通俗表述为微知识的传播提供了必要的积淀和范本。"行文虽然不长，但一语中的，说清了普及历史知识的重要性。复旦大学历史地理研究中心邹逸麟教授、华东师范大学历史系王家范教授等读了丛书的文稿后还专门撰文评说，认为这既是一套通俗的、面向大众的历史读物，又是一套严谨而富于科学精神的史著，对于广大读者学习和发扬中华民族的爱国传统、学习和发扬中华民族的奋斗精神，推动中华民族复兴的中国梦早日实现很有作用。

这一切，让我们得到莫大的鼓舞。作者在通俗方面做了极大的努力，他们中的不少人在写作中进行了刻苦的再学习。从史实的查证到篇章的构架，再到文字的通俗化以及图片的遴选，都花费了他们大量的时间和心血。丛书采用章节结构的叙史形式，目的在于令读者通过目录就能够对书中的大概内容一目了然。中国历史悠久，史料浩如烟海，读史者历来有"一部二十四史，不知从何读起"之叹，讲史时以"时间为纲"，即可以从纷繁中理出头绪来，再辅之以"专题为目"，这样在史料取舍上就更加突出主题。本丛书注重以故事取胜，以真实的历史故事吸引人，感动人，启迪人。图文并茂也是本丛书通俗化的一途。中国历来重视"右文左图"，以文注图，以图佐文。

通俗而雅，也是这套丛书的一大特色。雅者，正也。通俗不是低俗，亦不是庸俗，它是在科学和学术的基础上展开的。把应该让读者知道的历史现象和历史观念用最浅显明白的方式告诉读者，这就是我们所需要并强调的通俗。本套丛书的学者们在撰写时一是力求语言上的通俗，二是着力于情节中的通俗，继承和发展了太史公马迁那种"以训诂代经文"的传统，把佶屈聱牙的古文经典用活了。所以说，深入浅出的通俗化工作更是一种学术活动。

为了增加生动性、可读性，作者尽量对某些有意义的人和事加以细讲，如对某些重要的出土文物予以介绍评说，对悬而未解的疑问加以释惑，对后人误传误解的问题予以纠正，对某些典故加以分析，对某些神话传说进行诠释。在图表上尽量做到随文提供佐证。在每册图书之后增加附录，旨在增强学术性和通俗性：附录大事记，旨在让读者对本段时期重大历史事件有个大致了解；附录帝王世系表，意在让读者对本朝创业、守业和虚位之君的传承有所知晓。另外，所列主要参考书目，目的在于为读者提供进一步学习本段历史的相关资料索引。

意愿和努力是如此，最终的结果如何，诚望读者鉴定。

郭志坤

2014 年 8 月 19 日

目 录

导　言 / 001

第一章　先周历史

后稷传说 / 007

周人迁徙 / 009

周原创业 / 015

第二章　周邦肇始

文王之前的殷周关系 / 021

文王建业 / 025

武王克商 / 029

第三章 "其命维新"

平乱与东征 / 039

周人的天命 / 048

第四章 "封邦建国"

成康大分封 / 059

封建的性质和效果 / 067

第五章 西周政府的架构

中央政府的组成 / 081

政府的运作与管理 / 093

刑罚和军队 / 099

第六章 周王与贵族

贵族家族及其结构 / 115

君臣关系的建立 / 124

"世官"与王权 / 129

第七章 诸侯与"四方"

"畿内"诸侯 / 147

诸侯与王室的关系 / 163

王朝与周边的战争 / 170

第八章 礼乐制度

"五礼"与乐 / 181

青铜礼器 / 195

祭祀和信仰 / 211

第九章 城市与乡村

西周的城市 / 219

城邑与乡野 / 234

城乡差别与管理 / 239

第十章 西周的社会经济

农业的发展 / 249

手工业和商业 / 252

科学技术 / 260

第十一章　内外危机与王朝覆亡

西周国家制度的隐患 / 267

西周的地理格局和军事危机 / 280

振兴的努力和最终覆亡 / 285

第十二章　西周的遗产

结束语 / 305

主要参考书目 / 307

附录一：西周大事记 / 309

附录二：西周世系表 / 315

后　记 / 317

重版后记 / 319

导 言

孔子曾经说过:"周监(鉴)于二代,郁郁乎文哉!吾从周!"(《论语·八佾》)周代借鉴和吸收了夏、商二代的文化成就,在此基础上发展出了浓郁、繁华的周文化,所以孔子说:如果要我对三代文化发表一点儿见解的话,我更加倾向于表彰和提倡周文化。

这段话可以看作是打开周史奥秘的一把钥匙。

《左传·襄公二十九年》中长篇记述了吴公子季札到鲁国"请观于周乐"一事。故事很生动:季札首先听了《周南》《召南》《卫风》《唐风》《陈风》等各地民歌,赞叹各地的乐曲都是那样美好,而且各个乐曲都展现了本地区独特的美好风貌。后又观看了武王时代的乐舞《大武》,说:"好啊,周王室盛极一时的风貌是这样的啊。"接着看了禹王乐舞《大夏》,说:"好呀,勤劳治水而不居功,除了大禹,又有谁能建立这样的大功呢?"看了虞舜的乐舞《韶箾》后说:"舜的功劳大到顶点了,像苍天那样覆盖了一切,像大地那样承载所有,真是尽善尽美啊!"季札当时也可以说是周游列国,而要数在鲁停留的时间最长。

这里介绍一下季札其人。从季札往上推,他的二十世祖就是周文王的兄长太伯和仲雍。为了让贤能的周文王能继位，兄弟俩一同出走，来到当时的蛮夷之地，建立了吴国。他这次造访中原，完全可以说是一次寻根之旅。他的身上流淌着周人的血，带着周人的气息，同时又有着南方吴人的气韵。由他来品评周文化，是再妥帖不过的了。可不是吗，他从周乐中看到了三代文明的传承，看到了三代中前代对后代的影响，看到了周代文明在各地的繁荣。

周代那种"郁郁乎文哉"的文明，是一种礼乐文明。吴公子季札之所以对周的乐文化赞叹不已，是因为这种乐文化中透露出深厚的礼文化要素。在中国，礼、乐从来不分家。周代的《诗》分为"风""雅""颂"三体，代表着礼的不同文化层面。"风"指民风，是不同地域的民间文化精粹，体现着大众层面的文化形态；"雅"是周王室及京畿的乐曲，是中原华夏地区的礼仪载体；"颂"是周最高统治者用于祭祀和其他重大典礼的乐歌。"风""雅""颂"用途不同，声调不同，所用的乐器不同，演奏时的听众也不同，歌舞时的礼制也不同，一点儿也乱不得。看，礼和乐二者多么水乳交融。

以礼乐文化为轴心形成的社会秩序，在周初达到了完美的极致。孔子说："兴于诗，立于礼，成于乐。"（《论语·泰伯》）这是给整个周代社会定下了基调。中国是诗之国，诗是一种娱乐形式，更是一种教育手段，名之为"诗教"。诗教把人们的精神振兴起来，这叫"兴于诗"。"兴"的目的是"立"，最终要大家立身于礼，成全于乐。这里的"乐"已经鲜有纯娱乐的意味，而是"礼"的一件华丽的外衣。

诗教、礼教、乐教三位一体，这就是周文化。周代的种种社会存在，都是与这种周文化关联着的。西周时期，是中国早期国家的成熟阶段。孔子曾说："殷因于夏礼，所损益，可知也；周因于殷礼，所损益，可知也。"（《论语·为政》）可见周朝的形成，借鉴了夏、商的传统。近人王国维先生又说："中国政治与文化之变革，莫剧于殷、周之际。"这表明周朝的政治和文化，与夏、商相比已经有较大的进步。要知道，这一时期，周王朝在实现统治过程中所形成的种种原则或制度，例如分封制度、宗法制度和"礼乐文明"等，都堪称西周留给后世的"政治遗产"，对从秦汉到明清的中国古代王朝国家形态、政治制度乃至思想意识形态，都产生了巨大的影响。可以这样说，西周制度和文化的创制之功，某种程度上塑造了后世中华文明的基本内涵。那么，周人到底进行了怎样的变革，又是如何改变了中国古代政治与文化的走向呢？

首先，周人建立了分封制度。分封制度是西周维护国家统一、保持社会安定的重要手段。"立七十一国，姬姓独居五十三人"，目的就在于"兼制天下"（《荀子·儒效》）。怎样去"兼制"这么大的一个天下呢？单靠武力显然是不够的，必须靠文治。周公很聪明，他在授予诸侯国土地和人民的同时，还授予仪仗、礼器、乐器，要他们一切依礼乐而行。比如正式场合奏乐歌舞时，"天子八佾（一佾为八人的行列），诸公六，诸侯四"（《公羊传·隐公五年》），一点儿都乱不得。巡视的人到列国明察暗访，一下就可以知道这个国家是怎么回事了，对周天子忠不忠，从礼乐上就可以一眼看出。

  其次，周人建立了井田制。井田制是周代的重要经济制度。井田制究竟是怎么回事，现在已经不怎么讲得清了。但西周时实行过井田制，大致上是可以肯定的。那时大家把田方方整整地划成井字形（大致上），其中大部分是私田，少部分是公田，也称籍田。天子以及各级贵族最关心的是籍田。这里也有礼制：一是"公事毕然后敢私事"，先公后私，先耕好公田（籍田），然后各自去耕私田。二是实行"籍礼"。耕籍田时贵族到现场看护，带领众民行籍礼——唱赞歌、举行典礼，大约还有宣誓之类的仪式。周代的礼乐文化进入了田头地角，简直是无所不在了。

第一章 先周历史

后稷传说

周人从何而来?《史记·周本纪》中说到了周人始祖后稷的传说。

据传,后稷的母亲叫姜嫄(《史记》作"姜原"),是有邰氏的女子。有一天,她在野外发现一个巨大的脚印,心中产生莫名的喜悦,就踩了上去。没想到这竟然使她怀了孕,生下一个男孩。姜嫄认为这孩子不吉利,屡次抛弃他:先是扔在牛马来回踩踏的小巷里,后来又扔到人迹罕至的树林去,最后将婴儿遗弃在寒冷的冰面上。没有想到的是,弃在巷中,来往的牛马络绎不绝,却都绕着襁褓走,没有踏上一脚的;想扔到林中时,平时冷冷清清的树林,姜嫄抱着孩子去的时候,却迎来热热闹闹地来砍伐树

后稷像

木的人;而当她将孩子遗弃在冰面上时,天上的飞鸟纷纷降落,用自己的羽翼覆盖婴儿,使他免于被冻死。姜嫄终于醒悟了,天佑此儿,从此她便好好抚养这个不平凡的孩子,为他取名为"弃"。

弃长大以后,在农业种植方面很有心得,可以根据不同土壤的性状来种植不同的作物,产量很高。尧帝任命他为农师,播种百谷,教民耕稼。舜帝又将邰地(一说在今陕西咸阳市武功县境内,一说在今山西南部汾水流域)封给他。从此弃被尊为"后稷",别姓姬,在邰地生存繁衍,成为周人的祖先。

根据《诗经·大雅·生民》和《史记·周本纪》的记载,后稷是与尧、舜、禹同时的人物。可是《国语·周语下》中太子晋说从后稷到周文王只经历了十五代("自后稷之始基靖民,十五王而文(王)始平之"),另一位卫彪傒也说"后稷勤周,十有五世而兴"。从周文王往前推十五代,大概只在夏商之际。对于文献中的这个矛盾,历代学者都有许多解释。例如汉代学者刘歆认为是记

《山海经·海内经》有关"后稷是播百谷"的记载。

载不完整,其间有脱漏的世数未记;也有学者认为后稷的时代就应该是夏商之际,如近代学者丁山就说"弃生于夏之衰"。另有"官职"说或是"名号"说,认为后稷并非一个人,而是一部分人世代担任的农官名号,直到夏朝灭亡,这一过程才被迫中止。就像《国语·周语上》记载的:"昔我先王世后稷,以服事虞、夏。及夏之衰也,弃稷不务。"此外也有学者提出,"后稷"之名只是指周人是致力农业的部族,并非官号。

无论怎样,从"后稷"的名号和传说中的事迹来看,他所代表的这支族群擅长农业种植,应该是没有问题的。《山海经》中还保留了一些与他有关的神话,都说到"后稷是播百谷"(《海内经》)、"稷降以百谷"(《大荒西经》)。可见后稷是被尊为稷神的周人的祖先。

周人迁徙

不过,这支以农业见长的族群,其农耕之路并不是一帆风顺的。《史记·周本纪》中说,由于夏太康失国前后,有大约半个世纪的大动乱,后稷之子不窋(zhú)失去了农官之职,放弃了原有的土地来到戎狄地区,与那里的人们一同过起了游牧生活。直到他的后代公刘带领部族迁徙,才又回到农业生产的文化轨迹上来。此后又曾发生反复,及至公刘后九代的古公亶父重修"后稷、公刘之业",再次率部迁移,最后定居于岐山脚下的周原,

公刘雕像

才终于建立了周人的乐土。

传说中的夏朝距今约四千年。考古学和人类学研究发现，正是在公元前2000年至公元前1000年间，全球气候发生了较大的变化，逐渐趋于干冷。而这一过程中，中国北方鄂尔多斯地区受到地壳抬升运动的影响，形成干旱和半干旱气候，并逐渐加强。这种气候显然对附近地区的农业生产不利。

新石器时代晚期，沿着鄂尔多斯地区南缘，生活在今山西、陕西、河北三省北方山岳地带的人群，采取的是一种混合农业式的经济生活：定居。生产方式以农业为主，兼营狩猎和采集。但公元前2000年以后，除了陕北之外，这一区域内许多新石器时代以来人类居住的聚落被放弃。在此之前，遗址中代表畜牧或狩猎的细石器及角骨器在所有工具中的比例大幅升高；各聚落采用石墙自卫，或将家园修筑在河谷断崖之上——这一切都表明，生存环境使人们越来越依赖动物性资源而非农业作物，而资源逐渐短缺导致人群间的竞争愈发激烈。[1]最终这一区域原先以农业为主

---

① 王明珂：《华夏边缘》第五、六、七章，允晨文化实业股份有限公司1997年版。

的生态系统崩溃，人们或者改变生产生活方式而成为游牧人群，或者被迫迁移，寻找更适宜农业生活的家园。以当时自然环境的大变动为背景，我们才能更好理解文献记载中周人祖先迁徙的事迹。

在传说中，不窋（zhú）"去稷不务"，"奔于戎狄之间"；公刘"虽在戎狄之间，复修后稷之业，务耕种，行地宜"，之后又率族迁徙，其子庆节"国于豳（bīn）"。古公亶父的事迹最为详细。他为什么离开已经繁衍了九代的豳地？《孟子》《史记》和《后汉书》都记载是受到戎狄侵扰的缘故。

《孟子·梁惠王下》说：当年古公亶父在豳地的时候，狄人侵扰不断，周人无论是给予毛皮、缯帛、犬马还是珠玉，都不能满足其贪欲。古公亶父告知百姓，狄人想要的是土地。自己不能因此而让民众受到伤害，决定选择离开。百姓认为他是仁德之人，"从之者如归市"。

侵扰古公亶父的戎狄，《孟子》中一说是狄人，一说是"獯鬻（xūn yù）"，《史记·周本纪》因此引作"薰育戎狄"，《后汉书·西羌传》则作"犬戎"。《诗经》中《绵》和《皇矣》两篇又提到古公亶父迁都之后还曾与

周文王像

"混夷"和"串夷"发生冲突。这都说明,周人祖先生活的地区,存在许多武装化的隶属于不同部族的人群,资源争夺十分激烈。

周人的祖先生活在哪里呢?传说周人始祖后稷曾被舜封于邰,其后公刘、庆节迁至豳地(《诗经·大雅·公刘》言公刘"于豳斯馆",与《史记》记庆节"国于豳"不同);又九传至古公亶父,他带领部族南渡漆水、沮水,到达岐山南面的周原,开创基业。这些出现在文献中与周人祖先有关的诸多地名,前人多认为在今陕西省和甘肃省的泾水、渭水流域。邰即今天的陕西咸阳市武功县,豳为今陕西咸阳市旬邑县或彬州市,周原就是现今陕西宝鸡市岐山县、扶风县一带。周人祖先迁徙的路线,大致是在泾、渭之间兜了个圈子。史念海详细考证了古公亶父的迁徙路线:"由邠县(今改为彬州市,编者按)、旬邑、长武出发,越过永寿、乾县的梁山,过杜水河,沿今日的漆水南下,东拐至大北河再南下,西折沿沣河(即沮水,引者按)西上,定居于今扶风县北、岐山县东北三十里的黄堆、法门、京当等公社(今为乡,引者按)的广大地区。"①

与大多数学者观点不同,钱穆认为周人始于山西南部。如此一来,周、豳都是周人迁徙后从山西带到陕西的地名,周人的祖先未必仅仅生活在今泾渭流域。②钱氏的观点,也获得了一些学

---

① 史念海:《河山集》(三集),人民出版社1988年版。
② 钱穆:《周初地理考》,《燕京学报》1931年第10期。

者的支持。①

从考古发现来看，今陕甘地区发现了不少先周文化遗存，为周人的起源提供了考古学上的证据。所谓"先周"，就是指西周文王、武王建国以前；先周文化，也就是西周文化的前身。其文化遗址遍布泾渭流域，"在甘肃平凉、灵台，陕西邠县、长武、麟游、岐山、扶风、凤翔、宝鸡、武功、乾县、耀县、泾阳、咸阳、户县、长安以及凤县等地"都有发现。②其中泾水上游长武地区的遗址时代最早，碾子坡先周文化早期遗址的年代可能略早于古公亶父的时期。③从长武县至周原遗址，先周文化遗址的时代由远及近，分布地点由北至南，与文献中古公亶父迁徙的路线大体相合，说明早期周人的确沿泾水进入渭水流域。

周武王像

---

① 黄怀信和许倬云都认为周人在古公亶父之前即已居于山西，黄氏更认为公刘之前周人已经渡河而西，在今甘肃庆阳市（即北豳）一带活动。参见黄怀信：《先周族及其文化渊源与流转》（摘要），《周文化论集》，三秦出版社1993年版；许倬云：《西周史·增补二版》第二章《周的起源》，生活·读书·新知三联书店2012年版。
② 邹衡：《论先周文化》，《夏商周考古学论文集》，文物出版社1980年版。
③ 中国社会科学院考古研究所泾渭工作队：《陕西长武碾子坡先周文化遗址发掘记略》，《考古学集刊》1989年第6集。

癸殳古方尊（西周早期，上海博物馆藏）

在先周文化早期墓葬中出土的陶鬲（lì），被认为是先周文化的典型器物。这些陶鬲有分裆和连裆两种：分裆是指陶鬲三足所接的裆是三分的，而连裆陶鬲的接裆处则相连。邹衡认为这两种类型的陶鬲有不同的来源：连裆鬲来自东方山西地区的光社文化，该文化以太原北郊光社遗址为代表，分布于东至太行山、西至陕西东北的地区；分裆鬲则来自分布于甘肃洮河、大夏河一带的辛店文化和寺洼文化遗址。① 其中光社文化被认为是文献中的狄人的文化，辛店文化和寺洼文化则被认

---

① 邹衡：《论先周文化》，《夏商周考古学论文集》，文物出版社1980年版。

为是原始氐羌文化的代表。这也证明了文献中不断与周人祖先发生冲突的戎狄的存在。

周原创业

古公亶父迁居的周原位于岐山之南,北部的山脉成为周原天然的屏障。与今日周原千沟万壑的地貌大不相同,周人时期的周原完整而平坦,其范围东到今咸阳市武功县,西到今宝鸡市陈仓区,是岐山南面、渭河北面一块广阔的平原。《诗经·小雅·南山有台》上说:"南山有台,北山有莱。……南山有桑,北山有杨。……南山有杞,北山有李。……南山有栲(kǎo),北山有杻(niǔ)。……南山有枸(jǔ),北山有楰(yú)。"南山指渭河以南的秦岭,北山就是岐山。可见当时这一地区的植被非常茂盛。《诗经·大雅·绵》上又说:"周原膴(wǔ)膴,堇荼如饴。"这里土地肥沃,适合农耕,种下苦菜也会变得像饴糖一样甜蜜。而且"猗与漆沮,潜有多鱼。有鳣(zhān)有鲔(wěi),鲦鲿鰋(yǎn)鲤"(《诗经·周颂·潜》),漆水与沮水

古公亶父像

（即今沣河）流经平原，河里还出产许多鱼类。这真是一块乐土。

在这里，古公亶父改变了部族原先带有的戎狄习俗，开辟山林，开垦田地，大规模兴建土木，修筑房屋，营建邑落，使之成为周人发展壮大的根据地。他还建立起宏伟的宫庙建筑，外门（皋门）高大，正门（应门）堂皇，还有祭祀社神的大祭台。这样的设计和布局，对后世宫殿建筑有深远影响。

1976年，考古学家在岐山京当乡凤雏村（今陕西宝鸡岐山县京当镇贺家村）西南发现了甲、乙两组早期周人的宫殿遗址。其中甲组建筑房基南北长45.2米，东西宽32.5米，总面积1469平方米。建筑坐北朝南，以门道、前堂和过廊为中轴线，东西两侧配置门房、厢房等。门前有影壁，堂前有大院，堂后过廊通往后室，过廊的左右两侧为东西小院。整个建筑四面围墙连接不断，东西厢房各有八室，台基之下有陶管或者河卵石砌成的水道。台基以夯土建筑，隔墙分层夯实，墙面以三合土装饰，四周均有散水面或散水沟。建筑整体左右对称，整齐有序，构成非常完整且典型的"四合院"形制，开后世中国建筑最正统的格局。①

公刘时代，周人已经武装化、组织化了："弓矢斯张，干戈戚扬"，备好干粮，带着武器，长途跋涉去应付种种困境和变革，并言"其军三单……彻田为粮"。（《诗经·大雅·公刘》）所谓"三单"，前人的解释很多，都有争议，今人则多认为与军队组织有

---

① 周原考古队：《陕西岐山凤雏村西周建筑基址发掘简报》，《文物》1979年第10期；杨鸿勋：《西周岐邑建筑遗址初步考察》，《文物》1981年第3期。

关。如杨宽认为是军队驻屯的营地①，许倬云认为是将周人组织成三个作战单位，也是三个管理单位②。"彻田为粮"，应该能说明这些战士是农战合一的。公刘在驻屯地"执豕于牢"，举行宗教仪式，"君之宗之"，建立起族长的政治权威。

古公亶父在周原立下根基之后，《史记·周本纪》说他"作五官有司"，《诗经·大雅·绵》也说他在建设

《诗经·大雅·公刘》有关"其军三单"的记载。

宫室过程中"乃召司空，乃召司徒，俾立室家"。司空即西周青铜器铭文（即金文）中的"司工"，司徒即金文中的"司土"，各司其职的治事制度建立起来，表明周人的政治组织也得到了加强。

正因为迁居周原之后周人获得了不断的壮大和发展，后人认为古公亶父实际开启了后来周人翦灭商朝的进程，故尊称他为"太王"。西汉司马迁在其《史记》中说"王瑞自太王兴"，即他认为，周的王业是从古公亶父开始的。

---

① 杨宽：《西周史》，上海人民出版社1999年版。
② 许倬云：《西周史》，生活·读书·新知三联书店2012年版。

第二章

周邦肇始

文王之前的殷周关系

周是什么时候成为商朝属国的？传世文献中记载的周与商人产生的最早联系，是在太王的儿子季历时。太王有三个儿子，长子太伯、次子仲雍出走，少子季历继位后成为周人的领袖。

季历朝见过商王，还受到赏赐。《古本竹书纪年》记载：武乙"三十四年，周王季历来朝，武乙赐地三十里、玉十珏（jué）、马八匹"①；还接受了商王的任

《诗经·大雅·大明》有关周文王身世的记载。

---

① 《太平御览》卷八三引。

析子孙方铜鼎（西周初期，盛食器，河南周口市鹿邑县出土）

命：太丁（当为文丁）四年，"周王季命为殷牧师也"①。所谓"牧师"，是对诸侯之长的一种称呼。季历还娶了殷商诸侯挚国的女子大任（亦称太任）为妻，生下后来的文王姬昌，《诗经·大雅·大明》对此有所记载："挚仲氏任，自彼殷商，来嫁于周，曰嫔于京。乃及王季，维德之行。大任有身，生此文王。"

而出土文物显示，周人与商朝的关系，很可能远早于季历时代。在今河南安阳殷墟出土的第一期武丁时代的卜辞中，就出现了与"周"有关的记录。其中最多的是命某族伐周，如"令多子族眔（暨）犬侯璞（扑）周"之类。此外也有"令周"的记载，即占卜询问周是否受到他国攻伐或是有无灾祸。不少学者认为卜辞中的"周"就是姬姓的周国，武丁时期被商人征服，成为商的顺从的属国。②

---

① 《后汉书·西羌传》李贤等注引《竹书纪年》。
② 参见陈梦家：《殷虚卜辞综述》，科学出版社1956年版；杨宽：《西周史》，上海人民出版社1999年版；许倬云：《西周史》，生活·读书·新知三联书店2012年版。

周文化受殷商文化影响至深。先周文化的青铜器可以分为三大类，商式青铜器、商周混合式青铜器和周式青铜器。邹衡认为商式青铜器的种类最多，数量也多，混合式次之，周式青铜器再次之。从时代来说，先周时期第一期绝大多数是商式器，第二期（即商周之际）混合式增多，

伯各卣（西周早期，盛酒器，陕西宝鸡市出土）

也出现了纯粹周人风格的周式礼器。这表明周人的青铜文化是向商文化学习而来，从单纯模仿到逐渐发展出周人自己的风格。接受殷商先进青铜文化技术后，先周时周人业已拥有非常发达的青铜铸造业。从先周文化第二期开始，出土的周人陶器中也出现了典型的殷墟陶器。①

岐山京当凤雏村早周遗址发现了一万七千多片卜甲，其中有字者一百九十多片，总字数六百多字。这批甲骨的整治和钻凿，以及刻辞笔画的风格，都有明显不同于商人甲骨的特点。这批甲

---

① 邹衡：《论先周文化》，《夏商周考古学论文集》，文物出版社1980年版。

召卣（西周早期，盛酒器，台北故宫博物院藏）

骨窖藏的时代晚于房屋的建造，诸家都认为应当是在殷末至西周；但是对于卜辞的族属及其具体时代，学者间还存在较大分歧。① 然而卜辞中有祭祀商人先王帝乙和成汤的内容（"癸巳，彝文武帝乙宗，贞：王其祒〔昭〕祭成唐……"）。另有一卜辞刻着"王其桒又大（佑太）甲，曾（册）周方白（伯）"的话。无论这些卜辞属于商人还是周人，在周原祭祀商王祖先、请求商王祖先的庇佑，周王接受册命为方伯，这些内容都为商周关系提供了新的资料，证明周人曾经接受商朝的政治统治以及受到文化影响。② 不过，商周关系并不是一直平顺的。《古本竹书纪年》记载，季历一度得到商王武乙的赏赐和任命，但武乙看到季历的战功和能力，还是心生忌惮的。到了武乙的儿子文丁时，商王终于开了杀戒，这就是史书上"文丁杀季历"的悲剧。

---

① 陈全方、陈敏：《周原》，文物出版社2007年版。
② 许倬云：《西周史》，生活·读书·新知三联书店2012年版。

文王建业

无论是武乙的赏还是文丁的杀,都反映出商王朝对不断成长的周人势力的忌惮。

季历在位期间,对西北戎狄展开了一系列战事,并获得不小的成功。《古本竹书纪年》记武乙三十五年季历大胜鬼戎①,俘虏"二十翟王"。除了太丁(文丁)二年,季历伐燕京之戎大败而归外,周人基本上都是战无不克的:四年,周克余无之戎;七年,周人克始呼之戎;十一年,周人伐翳徒之戎,擒其三大夫。

周人所伐,大体都是活动在西北境的戎狄。鬼戎一直是殷商劲敌,武丁曾用三年时间征讨。其位置大约在今黄河沿岸的山西、陕西北部地区。燕京山,在太原,汾水所出。②余无之戎,居今山西长治市屯留区西北。始呼之戎、翳徒之戎,前人也多认为与鬼戎、燕戎、余无之戎一样,分布在今山西地区,且与后世隗姓赤狄有关。

《后汉书·西羌传》说:"及殷室中衰,诸夷皆叛……及武乙暴虐,犬戎寇边。"商王武乙时期,王朝已经失去了对四境夷狄的控制。在这种情况下,作为属国诸侯的周人能多次克戎有功,大败殷人劲敌,自然会获得商王的封赏和册命。

---

① 《竹书》所称"鬼戎"即《易经》《诗经》中的"鬼方",详见王国维《鬼方昆夷猃狁考》。
② 《淮南子·地形训》:"汾出燕京。"参见刘文典:《淮南鸿烈集解》,中华书局1989年版。

但另一方面,在与戎狄部族的不断战斗中,周人力量不断获得壮大,也逐渐扩大了自己的控制区域,势力已达商人领地的北境。这样迅猛的发展势头,不能不让商王朝感到威胁。事实上,周人也认为,季历的开拓,是克商事业的一个部分。《诗经·大雅·皇矣》中就说:"帝作邦作对,自大伯王季。"

《诗经·大雅·皇矣》有关"帝作邦作对,自大伯王季"的记载。

殷墟甲骨文中有商人"戋西师"和"伐西土"的记录,又有讨伐庸族的记载。[①]庸族是后来跟随周人伐商的族群,商王朝对其进行征讨,其目的恐怕也是在打击周人。由此可知,武乙在封赏季历的同时,也已经在采取措施,以抑制周人的进一步发展。季历最终被文丁所杀,是商周矛盾尖锐直至爆发冲突的结果。

季历死后,其长子姬昌继位,成为周人的首领。他继承古公亶父和季历的事业,继续扩展周人的势力。史书上说他积善累德,尊老爱幼,礼贤下士,当时的许多贤人,包括远在辽西孤竹国的

---

① 丁山著,沈西峰点校:《商周史料考证》,国家图书馆出版社,2008年版。

贤人伯夷、叔齐，都去投奔他。正由于此，商纣王先将姬昌囚禁在羑（yǒu）里（今河南安阳市汤阴县），以示警告和惩戒；之后纣王又释放了他，封为西伯，赐弓矢斧钺，授予他征伐的权力，以示拉拢。

姬昌被释放后，继续稳定和开拓周人的生存空间。措施有二：

一是德行感召。据载，周原附近有两个小国虞和芮，因为田界而争吵不休。他们的国君想让姬昌做个评判，就相约一起到周国去。进入周原，看到周人下至农夫、上至贵族都以谦让为俗，两国国君非常惭愧，于是将相争的土地让出来，作为闲原（《史记·周本纪》）。这个故事流传开去，诸侯都来归附。这一年，原商朝属下的西伯姬昌宣布正式受命称王，史称周文王。

二是军事征伐。其方向仍是首先在西方和北方的戎狄之间求发展。因为对位于渭河谷地的周而言，一方面，利用商王"西伯"的号令，先对西、北两方戎狄发动战事，既能够不直接与商发生

周文王像

冲突，又可保存和壮大周的实力；另一方面，只有彻底解决古公亶父以来戎狄侵扰的问题，才可能获得比较稳定的后方和根据地，并最终腾出手来，全力向东。"虞芮质厥成"的第二年，周人伐犬戎；第三年，伐密须。《诗经·大雅·皇矣》写道："密人不恭，敢距大邦，侵阮徂共。王赫斯怒……"密须即密，是姞（jí）姓之国，在今甘肃平凉市灵台县附近。阮、共，是位于甘肃平凉市泾川县的两个小国。密须不但敢抗拒周人，而且还入侵了阮国和共国。这大大激怒了周人，他们出兵攻击，大获全胜。这次胜利对周人意义重大，以至后来文王将此次战役中缴获的密须战鼓与战车用于军事演习和军队检阅的大礼（大蒐）。成王分封诸侯的时候，还把它们作为封赏的礼器，赐给唐叔以"匡有戎狄"。

解决了后顾之忧，周人转而向东征伐。文王受命的第四年，伐耆国；第五年，伐邘（yú）国。耆，又称黎或饥，在今山西长治市西南；邘即盂，为今河南沁阳市，当时是商王的田猎区。对这两国的攻伐，表明周人的矛头已经直接转向商的统治区域。《尚书·西伯戡黎》上记载，商朝大臣祖伊听说

《左传·僖公十九年》有关文王首次攻打崇国，"军三旬而不降"的记载。

了这件事，非常恐惧，急忙去警告商纣：上天恐怕要断绝我殷商的国运了啊。商纣对此却毫不在意，满不在乎地说："我不是天命所归的吗？周人能有什么作为呢！"

周人继续向东开拓势力。第六年，伐崇国。崇国，旧说在今河南嵩山附近，一说在丰镐（今陕西西安市西南）之间，许倬云就认为崇国可能"是商人在渭河流域的重要据点"[①]。其国君是商纣的心腹崇侯虎。崇国力量很强，崇邑非常坚固。据《左传·僖公十九年》记载，文王首次进攻，耗费了一个月也没有成功（"军三旬而不降"）；再次进攻，使用了攻城的器械才将其攻克（《诗经·大雅·皇矣》上说是"钩援"，《左传》上记载是筑"垒"）。克崇之后，周人势力已经逼近商朝统治的核心区域。周人的势力扩大至此，与商王朝的最后决战已经无可避免。

这个时候文王"既伐于崇，作邑于丰"（《诗经·大雅·文王有声》）。周人将都城从岐山迁到更东面的丰邑。就在迁都第二年，文王去世，太子发即位，是为武王。

武王克商

文王为周人翦商开创了非常好的局面。在与殷商决裂之

---

① 许倬云：《西周史》，生活·读书·新知三联书店2012年版。

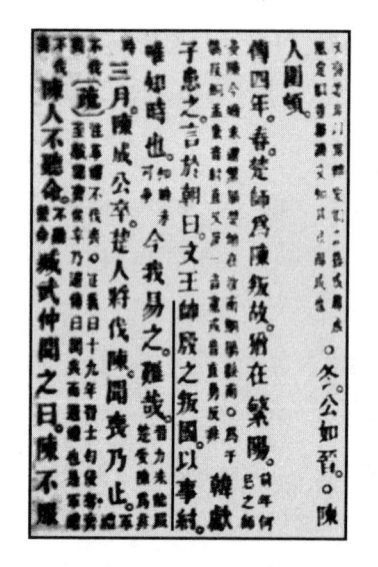

《左传·襄公四年》有关"帅殷之叛国以事纣"的记载。

前,西伯姬昌就以其德行影响和周人的实力,"三分天下有其二"(《论语·泰伯》),然仍"帅殷之叛国以事纣"(《左传·襄公四年》)。他去世之后,太子姬发迁都于镐京(今陕西西安市长安区)。武王即位后九年,曾一度率兵到达黄河渡口孟津,据说到此与周人队伍"不期而会"的有八百诸侯之众。这可能有所夸大,但周人以"翦商"为号召,在孟津与诸侯会盟,联合各方势力,检阅己方力量,当为事实。只是此次会盟,武王并未马上发动对商王都的攻势,他还在等待更恰当的时机。

周人逼近,商纣王始终执迷不悟。《史记·殷本纪》上说他非常勇猛,能徒手与猛兽搏斗,聪明过人,十分自信。可惜他"知足以距谏,言足以饰非",刚愎自用,不听劝谏,沉湎酒色,宠幸小人,诛杀无辜,导致朝纲大乱,诸侯背离。当听到周人攻灭黎国的消息,他居然仍执迷不悟地相信会有天命庇佑自己。

就在这个时候,东夷大规模反叛。商纣王好不容易平定了东夷叛乱,军师劳顿,国力大量消耗。而且纣王对内更加残暴。文献上说,他剖比干观其心,导致其叔父箕子装疯避祸、王兄微子逃亡、太师和少师抱着祭祀时用的乐器投奔周人。商王朝内外交困，风雨飘摇，矛盾空前尖锐。

这正是攻打商都最好的时机。周武王载着文王的神位，率领战车三百乘，护卫勇士（虎贲）三千人，甲士四万五千人，联合庸、蜀、羌、髳（máo）、微、卢、彭、濮等方国部落，组成诸侯联军，渡过孟津，浩浩荡荡向商王都进发。

决战在商的都城朝歌郊外的牧野展开。中国现存最早的一部文献汇编《尚书》当中，收录了据说是周武王姬发在牧野战斗打响之前的誓词，即《牧誓》——这是甲子日的清晨，天将明未明之际，武王面对自己的军队，发表的战前最后的动员令。

他左手拿着象征军事权威的黄钺，右手持着装饰白色牦牛尾的旗帜，用力一挥。"离开故土很远了，西土之人！"一句话，队伍的注意力全部被他吸引。武王一级一级召唤与周友好的诸侯首领，周人的三有司（司徒、司马、司空），各级军事将领（亚旅、师氏、千夫长、百夫长），还有来自西方各部族的联军（庸、蜀、羌、髳、微、卢、

比干像

微子像

箕子像

彭、濮人），"举起你们的戈，排列好你们的盾牌，立直你们的长矛！我有话要说……"

武王首先列举了商王的罪行，说正是这些罪行使周人今天率兵征讨。一是商王听信妇人之言。古人说过："母鸡不会在早晨啼鸣。如果母鸡在早晨啼鸣，那么就是家财散尽的预兆。（"牝鸡之晨，惟家之索"）"而现在商王就只听信妇人之言，正是亡国先兆。二是商王荒废祭祀，遗弃自己的同祖兄弟，置祖先和亲情于不顾。三是推崇、任用和信任那些因罪从各国逃亡出来的犯人，让他们做王朝的大夫，并驱遣他们暴虐对待百姓，在商国做尽坏事。这些罪行，天理不容！因此，今天周人征伐殷商，就是在替天行道，代天行罚（"惟恭行天之罚"）！武王铿锵的话语，反复申明自己是正义、道德和天命赋予的一方，鼓舞起将士们必胜的信心。

"为了打胜今天这场战争，将士们，努力吧！"武王一再地激励士气，"你们要勇猛得像虎一样，像貔（pí）一样，像熊一样，像罴（pí）一样！"誓词中也不忘展示周人的仁德之心："你们不要杀害那些投降者，他们投降以后将会加强我们的力量！"最后一句说："大家勉力杀敌啊！不然你们就要被杀戮了！"既像关切的叮咛，又像督军的威胁。动员令就此戛然而止，简短而有力。

《诗经·大雅·大明》上说"殷商之旅，其会如林，矢（誓）于牧野"，规模空前。《逸周书·克殷解》上记载，武王派尚父（即吕尚）与伯夫到阵前挑战，周人的虎贲和战车向着商人军队直驰而去，商军大败。《尚书·武成》里则记录了大战的场面：商人军队并不是周人的对手，前面的士兵纷纷倒戈，周人掩杀过去，战场上血流成河。兵败如山倒，纣王无奈穿上玉衣，登上鹿台，自焚而死。历时五百多年的商朝自此灭亡。

这场结束商朝命数的决战发生在哪年哪天？《牧誓》向我们提供了牧野之战的一个重要信息：战役发生的时间是"甲子"日。《逸周书·世俘解》也提到了"甲子朝"。这个重要的日子，已经得到了地下出土资料的充分证实。1976年，陕西临潼（今属西安市辖区）南罗村出土了一件西周早期青铜器利簋（guǐ），铭文为："珷（武王）征商，隹（唯）甲子朝，岁鼎克闻（昏），

利簋,也被称作"武王征商簋"。现藏于中国国家博物馆。

夙又(有)商。辛未,王才(在)闌(阑)自(师),易(赐)又(有)事(司)利金,用乍(作)䝅公宝䵼彝。"其中提到,武王克商的日子正是在甲子日,当天晚上周人军队就占据了商王都("夙有商")。这与《牧誓》的记载完全吻合。这个细节的印证,成为地下文献与传世文献互相参证的典范之一,也成为证明《牧誓》记载基本可信的一个重要证据。

然而《牧誓》和利簋都没有提及武王克商的年份。《尚书·武成》和《逸周书·世俘解》仅仅记载了武王伐纣时的历日和月相;《古本竹书纪年》虽然有具体的王年,但这本书本身是战国时期的著作,又经过了西晋学者的整理,成书时代较晚。《国语·周语下》中记录了武王伐纣前后发生的特殊天象:"昔武王伐殷,岁在鹑火,月在天驷,日在析木之津,辰在斗柄,星在天鼋(yuán)。"后来《今本竹书纪年》《淮南子》中也有类似的记录,可是这些书的成书时代也都很靠后,其中的记载是否真实,还是需要考辨的问题。文献资料本身存在诸多问题，加之后人对古代历法、月相和天象资料的解释又多有歧义，这些都使得要准确判断武王克商之年非常困难。历代学者对此都提出了自己的研究观点。自最早尝试解决这一问题的西汉晚期刘歆至今，根据不完全统计，学界至少已经提出了四十四种不同的答案。其中所定的最早的伐纣之年在公元前1130年，最晚的在公元前1018年，早晚相距竟有一百多年时间。1996年启动的"夏商周断代工程"，认定公元前1046年为武王克商之年。①

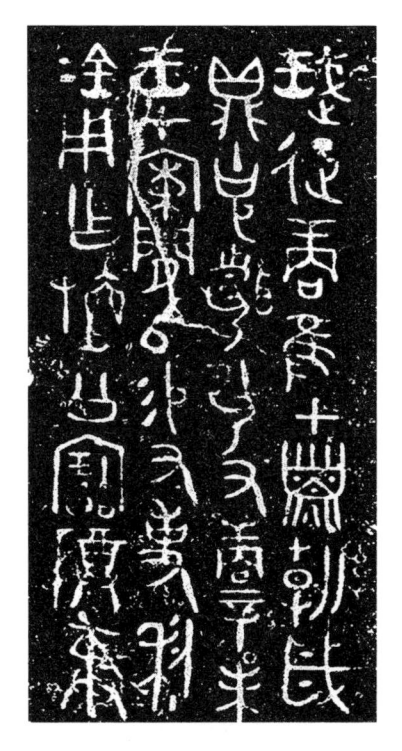

西周利簋铭文拓片。其意为：周武王征伐商纣，在甲子那天岁星当头的早晨灭亡了商。辛未，武王在闌地赏赐青铜给有司（官名）利。利以这些青铜作祭祀祖先的宝器。

---

① 朱凤瀚、张荣明编：《西周诸王年代研究》，贵州人民出版社1998年版；江晓原、钮卫星：《回天：武王伐纣与天文历史年代学》，上海人民出版社2000年版；夏商周断代工程专家组编著：《夏商周断代工程1996—2000年阶段成果报告·简本》，世界图书出版公司2000年版。

第三章 『其命维新』

平乱与东征

周武王攻克商都朝歌之后，周人的胜势还不稳定。从实力来看，当时商人的力量仍不可小觑。《史记·周本纪》记武王在克商之后，夜不能寐。周公询问缘由，武王说："我还没有最终平定天下，哪有时间睡觉呢！"这透露出这位刚刚取代商王的周王，面对仍旧严峻的形势时的焦虑不安。

为了稳定克商之后的形势，武王首先对原先服从殷商的属国进行了一番大扫荡。武王讨伐了九十九个商人属国，最终服属于周的诸侯达到六百五十二个（《逸周书·世俘解》）。从武王命令将领分伐各国的情况来看，将领们都只在几天之内即有战功。估计这些被攻伐的诸侯国都在殷都附近，也就是后来的郑

周公像

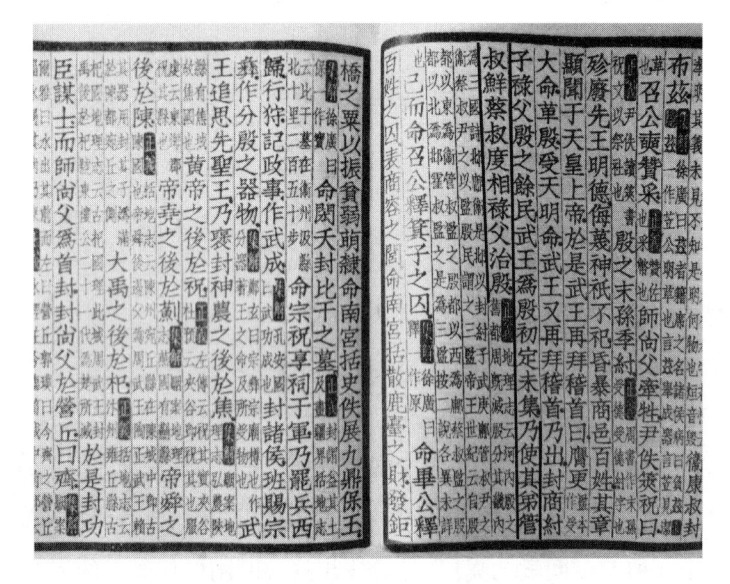

《史记·周本纪》有关武王安定殷人、稳定局势的记载。

国、卫国境内。①

　　扫荡了商都周边的残余势力，武王安定殷人，把商都一带仍然封给了商纣的儿子武庚禄父，殷遗民也交他统管。同时为了监视和控制，武王把殷商王畿之地一分为三，把自己的弟弟叔鲜封到管地、叔度封到蔡地，各占其一，对原商都形成掎角之势。对此，历史上有"三监"的提法。有学者认为"三监"应为管叔、

---

① 屈万里：《读周书世俘篇》，《庆祝李济先生七十岁论文集》，(台北)清华学报社1965年版。

蔡叔、武庚三人，"监"谓监殷臣民。[①]还有说法是，"三监"应该指的是管叔、蔡叔和同样承担监管殷人职能的武王的另一个弟弟霍叔，认为"三监"属于监国，是西周的监察制度。二说之中，似乎后一说更近情理。

刚刚取得克商胜利的周人，还没有办法对原来殷商统治的诸多诸侯或人群立刻进行有效的统治。武王对他们采取了承认其对原地域的统治、听其臣服的态度，也就是所谓的"怀柔天下"。武王还大封炎帝、黄帝、尧、舜、禹等前代君王之后，称为"褒封"：封炎帝之后于焦地，封黄帝之后于祝地，封帝尧之后于蓟地，封帝舜之后于陈地，封大禹之后于杞地。《论语·尧曰》就称周"兴灭国，继绝世，举逸民，天下之民归心焉"，对武王封前代君王后裔的行为大加肯定和赞许。同时，帝尧之后获封的蓟在北方，黄帝之后获封的祝在东方，这也是考虑到需要分割原殷商在北方和东方的力量。因为当时周人的力量还十分有限，尚不能进一步东进，以武力来征服原殷商王朝的东部和北部地区，利用这些古国作为据点，也不失为一条权宜之计。

为了进一步稳定局势，武王还在殷都朝歌的南面留下了驻守的军队。司马迁在《史记》中认为，武王克商以后，就开始大封功臣。但后代的学者都认为，这一时期周人的势力根本不能到达

[①] 刘起釪：《周初的"三监"与邶、鄘、卫三国及卫康叔封地问题》，《古史续辨》，中国社会科学出版社1991年版。

殷都以东的广大地区，因此即使分封功臣，也在商都不远处，例如这时燕很可能被封在今河南漯河市郾城区，鲁可能被封在今河南平顶山市鲁山县，齐国就是吕国，被封在宛南吕城，即今河南南阳市境内。①这些地点当时很可能仅是周人的驻军点。燕、鲁、齐等成为周王朝重要的封国，应该是在周人势力东扩之后。这些驻军点使周人在原来商王统治的中心区域保留有较强的军事实力，也为将来进一步对东夷采取军事行动起到军事据点和武装前哨的作用。

周人建立的新政权亟待进一步稳固。没有料到的是，克商之后才两年，武王就去世了，他的儿子成王姬诵即位。刚即位的成王年纪很小，《史记·鲁周公世家》上说"成王少，在强葆（襁褓）之中"，前人也有六岁、十岁、十三岁等几种不同的说法。新王如此年少，面对周初复杂的天下形势，成王的叔父周公担心诸侯听到武王驾崩的消息会叛乱，于是以开国功臣的身份宣布摄政当国。他的兄弟

周成王像

---

① 徐中舒：《殷周之际史迹之检讨》，《徐中舒历史论文选辑》，中华书局1998年版。

管叔和蔡叔心中不服，散布流言，说周公将对成王不利，联合商纣的儿子武庚叛乱。三监既反，原先归属商人的东方诸侯如徐、奄、薄姑、熊盈等也乘机作乱。甚至在周人的根据地西土之上，也有诸侯响应。一时间，刚刚获得天下不久的周王朝风云突变，岌岌可危。

在此紧要关头，成王君臣展示了极强的行动力。周公果断行动，"内弭父兄，外抚诸侯"（《逸周书·作雒解》），亲自率兵平叛。《尚书大传》记录了这一艰辛历程："周公居摄，一年救乱，二年克殷，三年践奄。"意思是周公摄政第一年平定周人内乱，第二年攻克商人乱军，第三年向东征伐奄国。在此过程中，管叔被杀，蔡叔被囚，武庚禄父北逃，周人进行了大规模的东征。金文中对此也有记录，如塱方鼎铭文有"唯周公于征伐东尸（夷），丰公、尃古（薄姑）咸戋"的话，意思就是说，周公征伐东夷的丰地（在今山东曲阜市西

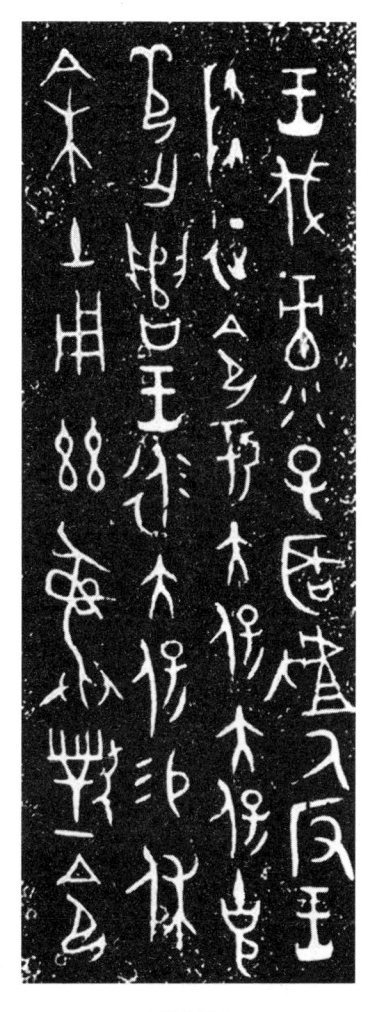

大保簋铭文

南方)、薄姑，都获得了胜利。周成王和另一位大臣召公也都直接参与了东征讨伐，大保簋铭文就称"王降征令于大保"，大保即召公。史书上记载召公追击武庚，一直到了今燕山附近。

经过这一番规模浩大的辛苦征伐，周人的势力终于到达东部海滨。武王伐商取得胜利后，面对周人远居丰岐，尚无力统治广大东部的情势，忧心忡忡。除了采取"三监"等措施，武王还曾经考虑要在东部建造新都，以作为统治东方的政治、军事中心。可惜武王崩逝之前，没能将这一设想变为现实。周人东征成功之后，为了加强对殷人的统治，成王、周公决心将武王当年设立新都的设想付诸实践。

东都的选址颇费心思。《逸周书·度邑解》就记载武王曾经打算在洛水、伊水的转弯处建造新邑，还亲自考察了这一带的地理形势。为什么东都的位置要选在伊洛地区？1963年，陕西宝鸡贾村镇（今属宝鸡市陈仓区）出土了一件青铜器何尊。何尊是西周早期一位名何的贵族所铸的祭器。尊内侧底部铸有十二行铭文，共一百二十二字，记述的是成王继承武王遗志，营建东都成周之事。其中"宅兹中国"为"中国"一词今天所见最早的文字记录。铭文大意是说，成王五年四月，周王开始在成周营建都城，对武王进行丰福之祭。周成王于丙戌日在京宫大室中对何进行训诰，其中讲到何的先父公氏追随文王，而文王受上天大命统治天下。武王灭商后告祭于天，以此地作为天下的中心，统治民众。周成王赏赐何贝币三十朋，何因此作尊，以作纪念。这是周成王的一篇重要的训诫勉励的文告。而关于东都

《尚书·召诰》中有关洛邑营建过程的记载。

选址的理由,《尚书·召诰》中也有类似的表述:"其作大邑,其自时配皇天,毖祀于上下,其自时中乂。"伊洛地区,正是古人所认为的"天下之中":这里距四方诸侯远近相同,方便各地诸侯贡赋,当然也方便王朝对四方诸侯的控制。

成王时,洛邑(又称成周)的营建是由周公、召公主持的。《尚书》中的《召诰》《洛诰》《多士》以及《逸周书·度邑解》等多篇文献记载了洛邑营建的过程:先是太保召公到洛相宅,在洛水和瀍(chán)水的交汇处确定了新城的位置。周人举行了盛大的祭典,周公和召公领导殷遗民及各路诸侯进行大规模营建。两年后,新邑乃成。

《逸周书·作雒解》所记载的东都成周规模巨大,方圆

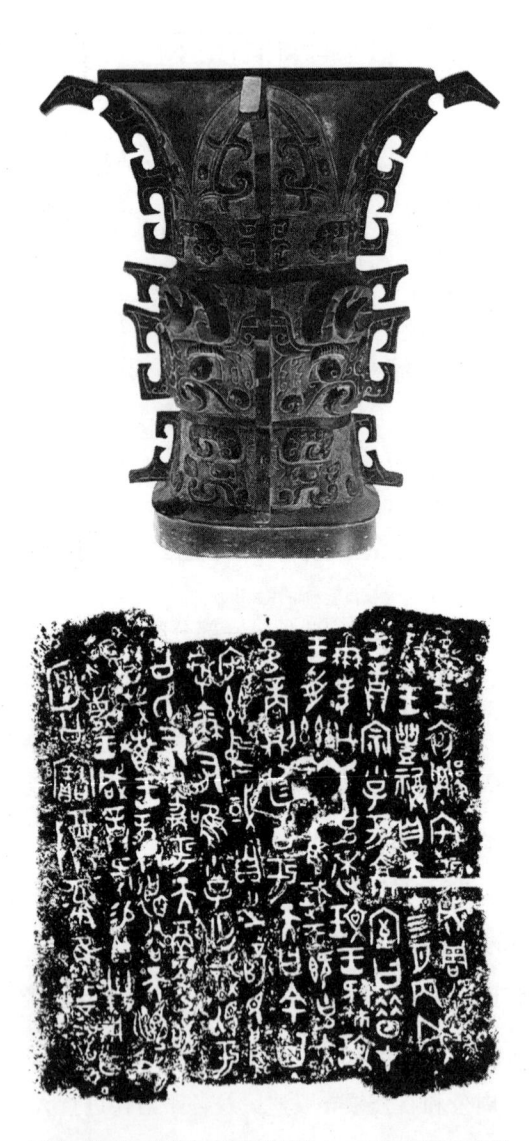

何尊，陕西宝鸡市陈仓区贾村镇出土，现藏于宝鸡青铜器博物院，盛酒器。其铭文中有"宅兹中国"的说法，是"中国"一词今天所见最早的文字记录。

一千七百二十丈,主要分为两大部分:王城在瀍水以西,城内建有宗庙、社稷和宫室;瀍水以东用以安置殷遗民。今天洛阳地区西周考古的成果非常丰富,在瀍河西岸北窑村和洛阳老城区庞家沟都发现了西周贵族的墓葬群,前者还有祭祀坑、车马坑、带商文化特征的殷人墓,以及铸铜作坊遗址等。出土的青铜器数量也不少,包括鼎、簋、尊、罍(léi)等礼器,还有兵器和车马器,其中一些青铜器的铭文中出现"召公""太保""丰伯""蔡叔"等字样。这种种考古发现,都显示了今洛阳地区与西周的成周洛邑的确存在非常紧密的联系。

东征之后,周人对原来聚居在商都附近的殷遗民进行了分割。留守商土的殷民,由纣王庶兄微子带领,封在殷都朝歌(今河南鹤壁市淇县),是为宋国。此外,一部分殷人被迁至新都洛邑周边,他们很可能是营建东都洛邑的主力。今洛阳瀍河西岸北窑村

丰伯簠(fǔ)

发现的殷人墓，应该就是这些殷遗民的归宿。还有的殷民被迁至周人故土宗周一带。周人分封的王室懿亲到卫、鲁、晋等地建立新诸侯国的时候，也都各自领受了部分殷遗宗族前往新领地。

周人的天命

在周人克商最后一战之前，武王曾发表了重要的动员讲话——《牧誓》，历数商纣王的种种失德之举：听信妇人、忘祖不祭、任用奸佞等，最终导致了"天之罚"。这些伐商的理由，透露出周人对于"小邦周"攻克"大邑商"的深层思考。

要知道，在周原发现的周人甲骨文显示，早先周人也曾经祭祀商王祖先，也曾经接受商人鬼神庇佑的观念，这从一个侧面反映了商周文化间的传承关系。可是为什么得到其祖先和上帝保佑的商王朝，最终却被周人推翻？

《尚书·康诰》有关"天乃大命文王"的记载。

大盂鼎（现藏中国国家博物馆）及其铭文拓片

难道商朝的祖先和上帝,不再庇佑商王了吗?这些问题,同样是周初统治者必须面对并予以合理解释的,是关系到周王统治合法性的重大问题。

从武王克商前发表的重要讲话来看,周人是代"天"行使惩罚。"天命",是夏、商、周三代统治者共有的观念。他们肯定上帝(天命)的概念,把它作为统治权力合法性最根本、最核心的部分。周公说"在昔成汤既受命",又说"天惟纯佑命,则商实百姓王人,罔不秉德明恤"(《尚书·君奭》),说明周人承认商曾经获有天命,得到庇佑。既然商人是曾经得到上帝庇佑的,那么现在周取代商,理应也是上帝庇佑的结果。所以,解释周代商的理由只有一个,那就是天命发生了转移。

天命什么时候发生转移的?在周人文献中,"文王受命"是其中最为重要和关键的一步。有大量的文辞提到这一点,比如《尚书·康诰》说:"天乃大命文王。"《尚书·君奭》说:"天不庸释于文王受命。"《尚书·无逸》说:"文王受命惟中身。"《诗经·大雅·文王有声》说:"文王受命,有此武功。"大盂鼎内壁铸有铭文十九

周康王像

行，二百九十一字，记述了周康王二十三年九月册命贵族盂之事。在铭文中，周康王向盂讲述文王、武王、成王立国之经验，告诫盂要效法其祖先，忠心辅佐王室，并赏赐盂鬯（香酒）、命服、车马、邦司、人鬲、庶人等。铭文镌铸着"丕显文王受天有大命"的语句，这正体现了周人的天命观。

"文王受命"的时候，距离武王的牧野之战还有十二年时间。此事与"武王克商"的关系，文献中说得很明白："皇天改大殷之命，维文王受之，维武王大克之，咸茂厥功。"（《逸周书·祭公解》）换句话说，"受命"与实际获取天下，在周人那里并不是一回事。甚至在他们的观念中，"受命"的意义似乎更为重大和深远。

"文王受命"，像司马迁在《史记·周本纪》中提到的那样，不但原先归属于商王的诸侯西伯从此改称王并变法度，制正朔，周人正式脱离商王朝统治秩序，采取了与商王朝平起平坐的"独立"态势，同时还蕴含了这样的前提：文王的"受命"是商人"陨（殒）命"的结果，原先商王所享有的上天庇佑和眷顾，到文王时就改换了"门庭"——这也就是《尚书·君奭》所谓"弗吊天降丧于殷，殷既坠厥命，我有周既受"。上天既已改换天命授予的对象，那么周文王的儿子武王能够克商，周人能够以偏于一隅的"小邦周"战胜强大的"大邑商"，也就得到了合理的解释。

这样一来，"周革殷命"也就成为周人夺取政权、实现王朝更替的合法性行动。不仅如此，它还合理解释了为什么商王祖先成汤能够伐夏桀并建立取代夏朝的商朝。周人，不过是商代"革命"传统的"继统者"而已。在周人文献中,夏、商都曾得到过上天赋予的"天命",只是最后都没能延续下去;而曾经为其所有的"天命",又被上天先后转而给予商和周。所以,商灭夏、周灭商,都不过是"惟恭行天之罚"(《尚书·牧誓》),替天行道罢了。再说,"天命"的概念,还是融合和接纳了商人宗教和意识形态中"上帝"的观念(周人改之为"天")发展来的。我们可以清楚地看到,周人文献中所叙述的这些内容,将夏、商、周三代构造成了一个连续性政体,强调三代在法统上具有连续性,在文化上具有统一性。当然,构造三代连续的观念,其目的仍然在于表明周政权承续商王朝的合法性,方便周人在结束商王朝的国祚之后,继续对其广大的地域进行统治。

再者,在周人的观念里,"受命"是与"受民""受疆土"紧密相连、密不可分的,"受(天)命"就是接受皇天所给予的对"中国民"和"疆土"的统治权力。《尚书·梓材》中表述得非常明白:"皇天既付中国民,越厥疆土于先王……用怿先王受命。"只要接受了天命,就能通过神授君权,使周王获得统治天下土地和人民合法的实际权力,成为当时真正的最高统治者。

所以,受"天命"不仅是周王朝建立的依据,也被看作周王朝维持其统治地位和秩序的依据。《左传·宣公三年》记载,春秋末期,楚王率兵到达黄河岸边,向周王派来劳军的王孙满打听周鼎的重量。王孙满回答他说:"当年成王确定将周鼎安放在洛邑的时候,曾经占卜过周王朝的命数,得到将要统治三十世、七百年的结果。这是上天赋予的。现在周王朝虽然衰落，但天命还没有改变。"（"成王定鼎于郏鄏，卜世三十，卜年七百，天所命也。周德虽衰，天命未改。"）"天命未改"，也正是周王统治秩序尚未终结的意思。可以说，"天命"观是周人克殷后国家意识形态的核心部分，成功解释了周朝国家的合法性。

这种解释理论中，还有一个问题不能回避：既然天命会转移，那么周人之前凭什么获得了天命，之后又将怎样延缓甚至避免天命的下一次转移？

前文已述，据《史记·周本纪》记载，西伯姬昌继位后，"阴行善"。周边的两个小国虞国和芮国产生纠纷，到周地请求仲裁。虞、芮之人还没见到西伯，在周地就感受到了周人民风的淳朴——"耕者皆让畔，民俗皆让长"，由此感到非常惭愧，于是归国，相互谦让，不再争讼。诸侯听说了这件事，都感叹道："西伯盖受命之君！"

这是多么奇怪啊！文王的"受命"，并没有什么惊天动地的事件发生，也没有举行什么特定的仪式，甚至他本人并未在虞芮争讼的事件中现身，可是人们就凭着这样一件小事，认定当时还是商王属臣的西伯此时已经获得了上天的任命。以此为说，只能说明在周人的观念里，上天选择"民之主"的理由并不在于统治者本身强大、祖先强大或者是祭礼完备（商朝在仲甲之后就形成了非常严密周全的周祭制度），而在于统治者的德行，并且这种德行对人民产生了广泛的积极影响——在这个故事中，周国淳朴善良的民情，正是天意的风向标。而商何以失去天命呢？《牧誓》

中武王已经有了很明确的表述,纣王失德,是商最终失去上天庇佑的原因。大盂鼎铭文亦记有"我闻殷坠命,唯殷边侯甸与殷正百辟,率肆于酒,故丧师",正是周康王告诫盂:商内外臣僚沉湎于酒,以致亡国。透露出周人对于商人嗜酒误国这一前车之鉴的警示。这是非常珍贵的资料。可见,周人为了解释天命转移的合理性,对历史进行了一番深刻的总结和反思。

通过这样的解释,一方面,人们相信了天命的授予并不是永世不变的。天意无常,所以统治者不能一意盲信祖先保佑而自我膨胀、唯我独尊。另一方面,人们相信天命的转移也并非不可把握,上天实际上是在以"德"的标准来检验下界的统治者。统治者想要长久地保有天命,就必须谨慎小心、如履薄冰,以历史为鉴,吸取前代和祖先执政的经验教训,时刻敬天、明德、保民。因为民心、民意、民俗不但是统治者德行影响的结果,也是上天意旨的风向标。于是,我们在西周金文和传世文献中看到了大量强调德行、敬天的语句,诸如"畏天畏(威)""克明俊德""疾敬德""王其德之用,祈天永命"等,都是这种观念的反映。

这些内容是周人意识形态中最具创造力的部分。王朝为什么更替?并不只是因为拥有了更强大的霸权势力,而是因为"拥有了创造新世与新民的正当性"。[①]虽然周政权继续在天命的庇护之下,统治者的眼睛却也开始留意现实政治的治理成效。以史为

---

① 李峰著,吴敏娜译:《西周的政体——中国早期的官僚制度和国家》,生活·读书·新知三联书店2010年版。

鉴，并注重治世者本身的道德要求，这些观念在后世王朝被反复申明，成为中国古代政治思想传统和国家合法性理论的重要组成部分。

周人不但需要创造性地解释取代商朝统治的理论问题，更要面对如何统治新区域的现实难题。"封邦建国"，正是他们的解决方案。

第四章 『封邦建国』

成康大分封

成王、周公平定了管蔡之乱,乘胜东征,其征服的范围已经到达了山东海滨和北方燕山附近。至此,周人征服了黄河中下游的大部和长江流域的部分地区,其范围东至山东半岛,西到陕甘宁交界的六盘山,南抵淮河和长江中游,北达燕山一线。面对更加广大的服属地域,武王克商结束时面临的难题,再次出现在成王和周公面前:如何管理和统治如此广袤的新国家?

前代商王统治天下的方法,是让那些名义上臣服于商王的诸侯或地方族群进行自治管理;商王作为众多族群中最强大和地位最显赫的一位,以强力和共同的宗教意识维系他的统治。这个办法在商人强大的时候是管用的,但是周的崛起过程已经说明,在商王的权威衰落、商人无法实际控制地方诸侯的情况下,这样的统治术是没有出路的。

而当年武王克商后所采取的临时措施,其弊病也是显而易见的。一是由于当时周人实力有限,未能真正有效地分割、瓦解殷人力量,有"亡国之痛"的殷遗民聚居在殷商故地,"其民易煽,其民易震"①，最终导致武庚叛乱。二是对于殷商原先在东方的属国，武王还没能找到有力、有效的打击或监视的方法，结果让他们有机会与殷遗民相互勾结。武王也曾经"褒封"前代圣王之后如陈、杞等作为诸侯，但这些诸侯势力太小，力量太单薄，根本没有能力真正承担起有效分割与防范殷遗民的任务。加上武王晚年任人不善，例如管叔、蔡叔，虽然都身为同姓懿亲，却不能保证他们仍然对周王室忠心。如此一来，武王去世以后殷遗民叛乱，也就难以避免了。除去如何处理殷遗民这个最为核心的具体问题，还有一个很重要的问题。当时各地散布的大大小小的邦国及族群，有的与周人关系比较紧密，比如跟随周人伐商的庸、蜀、羌、髳、微、卢、彭、濮人，有的与周人的关系则比较疏远。如何保证这些邦国和人群对周王室的服从，也是一个很大的问题。

成王与周公想到了一个两全其美的办法。

一方面，周人继承之前殷商王朝统治国家的模式，只要那些已经存在的邦国或地方人群服从于周，周王室就采取承认的态度，允许他们自治。所谓"服国八百"，大都属于这类。

另一方面，周人决定采取更主动的方式。周王在承认旧有邦国和人群自治的基础之上，更主动地大规模向东方原殷人势力地域分封自己的王室宗亲和重要功臣。之前武庚作乱，只能说明武王对殷人的分割和包围还不够彻底；管、蔡与之勾结，虽

---

① ［清］顾栋高:《春秋大事表》，中华书局1993年版。

然是任人不善，但也暴露出对于管、蔡"三监"同样缺少有效的监察。现在为了从根本上解决殷遗民的问题，成王和周公吸取了武王的经验教训，创造性地发展了原来商朝的统治模式。这一批由周王主动分封出去的新诸侯，主体是王室的后裔和近亲，他们是与周王关系最为密切的"自己人"。他们与周王之间、他们彼此之间，存在真实的血缘关系，联系也就更加紧密。这些新诸侯们到新的领地进行开拓和发展，能够打破旧有的地域格局，有效分割原先殷人与地方的联系；同时，这些新诸侯要在新环境中生存下去，也必须依靠周王室这个坚强有力的后盾。依凭着血缘关系和现实利益基础，周天子与他的新诸侯们就能够有效地相互联系与策应。如同撒下自己的种子，周王朝依靠新诸侯在各地加大自己征服的力度，建立起"天下国家"的统治秩序。

周人这种主动分封的形式，文献中称作"西周封建"。"封建"一词，文献中最早的出处是《左传·僖公二十四年》："昔周公吊二叔之不咸，故封建亲戚，以蕃屏周。"意思是说周公看到管、蔡二叔不德，所以采取了分封亲戚的方式来保卫周。《左传·昭公二十六年》对此也有解释：武王克商，成王安定四方，康王休养百姓，让自己的同母兄弟建国，来当周的藩屏。康王说：不能一人专享文王、武王的功劳，而且，如果有后人迷败倾覆、沉溺于难，兄弟之国就要出力救助它。（"吾无专享文、武之功，且为后人之迷败倾覆而溺入于难，则振救之。"）

由此可见，西周的封建，就是周王统治天下的方法，即天子将王室亲戚或功臣派往地方建立新邦国，通过建立起王室与地方诸侯的统属关系，来达到藩屏王室、帮助王室统治天下的目的。这一形式，在有周一代一直实行，但规模最大的分封则是在成王和康王时期进行的。成王执政

《左传·僖公二十四年》："昔周公吊二叔之不咸，故封建亲戚，以蕃屏周。"

二十年，康王钊是成王的儿子，据说在位时间有三十八年。

有学者论证，早在商代已经出现这种分封的雏形，比如有甲骨文中显示，商王的儿子"子某"，常常分散居住在今天河南的西北，当时商王的田猎区之内；非"子某"的诸侯，集中出现在商王朝疆域的西北部。而周人的分封显然比商王朝更加主动和积极。《荀子·儒效》中说：周人分封建立了七十一个新国，而姬姓国就有五十三个。《左传·僖公二十四年》记周王

大臣富辰回顾周代分封的对象，其中：管、蔡、郕、霍、鲁、卫、毛、聃、郜、雍、曹、滕、毕、原、酆、郇，封给文王的儿子；邘、晋、应、韩，封给武王的儿子；凡、蒋、邢、茅、胙、祭，封给周公的儿子；等等。荀子也曾经说过："周之子孙，苟不狂惑者，莫不为天下之显诸侯。"（《荀子·儒效》）周王的子孙，几乎都得到了分封。而且，分封之后建立新国，这些新诸侯也就将自己的国名作为氏名，因此周王分封实际还具有让周王的宗族"分枝散叶"的意义。此外，周王还分封跟随武王伐商的姜太公去建立齐国，又分封平定管蔡之乱立下汗马功劳的召公去建立燕国，这些都是功臣之国。很明显，周王非常明确地要借助儿子、兄弟的血缘关系，以及功臣的力量，来维护新建国家的统治。

这些由周王主动分封出去、承担藩卫王室重任的诸侯们，他们的封国都在哪里？西周分封的新封国主要分布于七个地区：王都丰镐所在的渭水流域，黄河汾水地区，洛阳、开封、安阳三角地带，成周近畿，鲁南、苏北、豫、皖一带，豫南、鄂北一带，还有鄂南、湘、赣、浙。其中姬姓诸侯的封国沿着原殷商交通线分布，大体与黄河流域主要的农业生产区相吻合。分封在今河南地区的新诸侯最多，山东次之，这些都是原来殷商势力主要的分布地区。

从文献记载来看，成康分封的主要目的在于遏制原来殷商的势力，所以封国主要针对东方的广大地区，其中商故地又是"重中之重"。"商代人的政治中心区域大致在今河南北部和河北南部一带,但其势力范围,有可能东到山东和苏北,南逾长江以南,西至甘肃和内蒙古,北达河北北部和辽宁部分地区。"① 而周人新封诸侯所占据的地区,已经深入到原殷人势力的腹心地带。例如卫国"居河、淇间故商墟"(《史记·卫康叔世家》),正占有原来殷商的都城及其周边之地。鲁国封在今山东曲阜,而曲阜本来是殷商属国徐、奄的所在地。齐封在今山东营丘,有学者认为此地的原住民是薄姑,薄姑迁徙离开了,周王才封齐在此建国。② 而徐、奄和薄姑都是之前武庚之乱的重要同盟力量。总之,通过分封,周人的封国对殷商故地形成了两个包围圈:内圈有异姓诸侯,如杞(姒姓)、葛(嬴姓)、鄀(妘姓)、许(姜姓)、陈(妫姓)之类;外圈则以姬姓曹、郕、茅、蔡等为主。③

因为承担着遏制旧势力的重大使命,所以新诸侯在领地的生存也就不可能一帆风顺。武庚禄父失败后北逃,召公北追,才有元子受封于北燕。而《史记·齐太公世家》记姜太公日夜兼程奔赴营丘就国,当地的莱人甚至赶来与太公争国。《鲁周公世家》记鲁国初封,鲁公伯禽花了三年的时间"变其俗,革其礼"。我们能从这些事例中,了解到周人开辟新诸侯国的艰难。好在经过如此分封,周人已基本上把这些殷人势力较强的地区变成了自己

---

① 宋镇豪:《夏商社会生活史》,中国社会科学出版社1994年版。
② 徐中舒:《西周史论述(下)》,《四川大学学报》1979年第4期。
③ 陈槃:《王国之始封国地望》,《春秋大事表列国爵姓及存灭表譔异》下册,台湾地区历史语言研究所专刊之五十二,1969年版。

的势力范围。

今天我们依靠考古发现,能够大体复原一些重要封国的地理位置:

卫国,为武王弟康叔的封国,都朝歌。1931年出土的青铜器沬司土簋,其铭文记载周王伐商邑,命令康侯在卫地建邑,正是分封卫侯的事件。考古学者在今河南鹤壁市浚县淇水北岸辛村发掘出西周贵族墓地,出土有"卫侯"铭文的铜器,证明淇水一带正是卫国的统治中心。

鲁国,周公长子伯禽的封国,都曲阜。在今曲阜市和邹城市地区,以汶水流域和泗水中上游为中心,考古发现有数量丰富的西周时期遗存。在洙河与沂河之间,曲阜地面上还残存着鲁国故城的夯筑城墙;现已发现属于西周时期的城垣,并在城址中南部、北部和西部发现了冶铜遗迹、制陶遗迹、居住遗址及墓葬等遗存。

晋国,成王弟叔虞的封国,都唐。最初国号为唐,至叔虞子燮时,改唐为晋。关于唐地的地望,有很多不同

伯禽治鲁雕像

的说法。一说在今太原市，一说在今临汾市翼城县。1979年初，位于翼城县、曲沃县交界处的曲村-天马遗址，陆续发现西周时期的居住遗址、祭祀坑、冶铜遗迹、随葬青铜器的贵族墓葬和车马坑，时代上限早到成王时期。九组十九座晋侯及其夫人墓的发现，更加证明这一带应该就是早期晋国都城的所在。

邢国，周公子封国。1993年，河北邢台市葛家庄遗址发现了西周墓葬和车马坑，其中的大型墓葬带有墓道。加之早先在石家庄市元氏县西张村出土了记载邢侯与戎作战铭文的青铜器，邢台市南小汪遗址中出土了记载邢国国君向王献马的甲骨文，这些证据都加强了邢台为邢国始封地观点的可信度。

燕国，召公子克的封国，都蓟。《史记·燕召公世家》索隐称，召公以"元子就封，而次子留周室代为召公"。1962年发现的房山琉璃河遗址，已经确认为燕国的始封地。这里有建于西周早期的古城遗址，城内发现了宫殿建筑基址群、平民居住区、窖穴、废弃物堆积坑、排水道等遗迹。遗址中带墓道的大型墓葬和车马坑出土了大量青铜器、玉器、原始瓷器和漆器等随葬品，青铜器铭文中多次出现"匽侯"，近年又出土了刻有"成周"文字的甲骨。这些都表明这里的确是西周所封的燕国。

应国，受封者一说是武王之弟（《汉书·地理志》），一说是武王之子（《左传》杜预注）。关于其所封地，史籍缺载，而今河南平顶山市北滍村西的滍阳岭上发现了应国贵族墓地，出土了带有"应侯"铭文的青铜器，为应国地望提供了坚实的考古学证据。

宜国，并不见于文献记载。然而1954年在江苏丹徒（今镇江

厚趠（chào）方鼎（西周早期，饪食器，上海博物馆藏）。内壁有铭文五行三十四字，记述王在成周之年，厚趠受到廉公馈赠之事。

市丹徒区）大港镇烟墩山出土了一件西周早期的宜侯夨（zè）簋，铭文记载了康王改封虞侯为宜侯之事。一说"虞"与"吴"两字通假，虞侯即吴侯。这为吴国早期历史提供了珍贵的线索。

封建的性质和效果

周王对自己有组织分封出去的宗亲功臣，"封建"仪式非常盛大。《左传·定公四年》追记了当时的盛大场面：

分鲁公以大路、大旂，夏后氏之璜，封父之繁弱，殷民六族，条氏、徐氏、萧氏、索氏、长勺氏、尾勺氏，使帅其宗氏，辑其分族，将其类丑，以法则周公，用即命于周。是使之职事于鲁，以昭周公之明德。分之土田陪敦，祝、宗、卜、史，备物、典策，官司、彝器；因商奄之民，命以《伯禽》而封于少皞之虚。

分康叔以大路、少帛、綪茷、旃旌、大吕，殷民七族，陶氏、施氏、繁氏、锜氏、樊氏、饥氏、终葵氏；封畛土略，自武父以南及圃田之北竟，取于有阎之土以共王职；取于相土之东都以会王之东蒐。聃季授土，陶叔授民，命以《康诰》而封于殷虚。皆启以商政，疆以周索。

分唐叔以大路、密须之鼓、阙巩、沽洗，怀姓九宗，职官五正。命以《唐诰》而封于夏虚，启以夏政，疆以戎索。

《左传·定公四年》有关周王分封唐叔的记载。

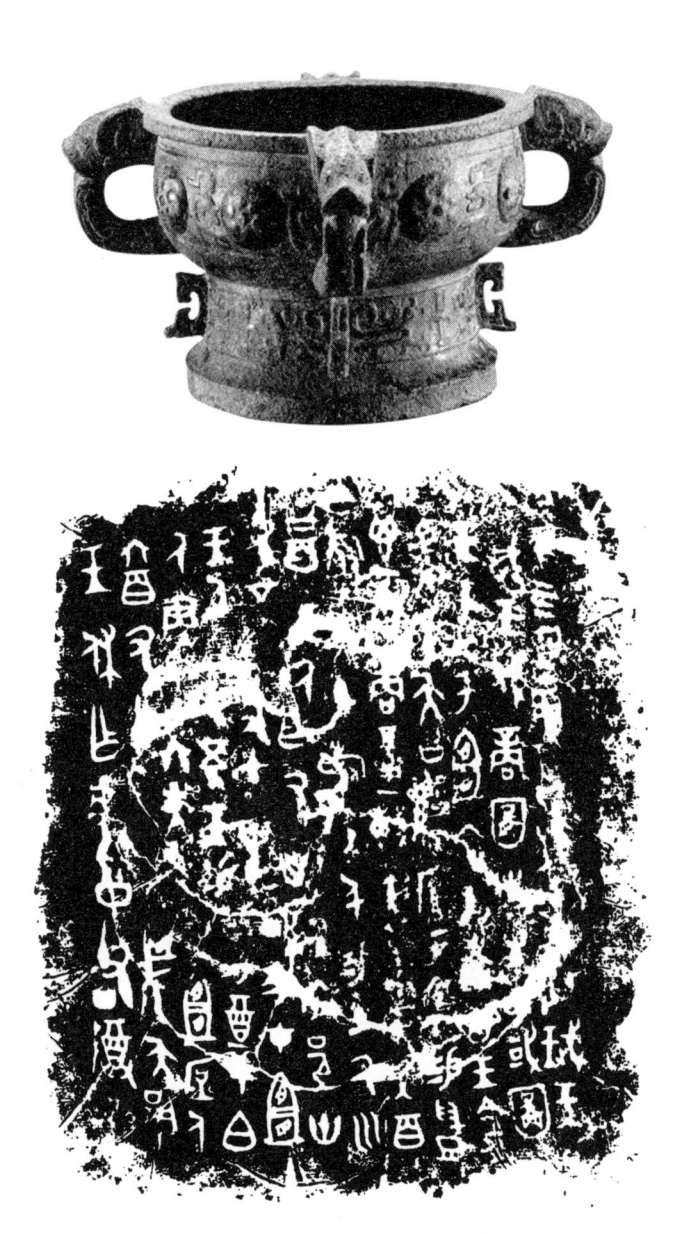

西周宜侯夨簋（现藏于中国国家博物馆）及其铭文拓片

这个记载非常重要。它为后人展示了西周"封建"的具体内容。

周王封建诸侯时，首先要"授土"。参上文所引《左传》记载，当年周初对卫康叔的分封有非常明确的封土的四至，封鲁侯于少皞之虚（墟），封唐叔于夏虚（墟），地点也是十分明确的。1954年6月，江苏丹徒大港镇烟墩山出土了宜侯夨簋，提供了关于西周实行分封的重要史料。簋内底铸有铭文一百二十余字，大意为周康王册封夨为宜侯，赏赐他鬯（chàng）酒（一种香酒）、铜器、弓箭和土田、山川、奴隶等。作器者夨原为虞侯，后改封为宜侯。宜这个地方，可能就在铜器出土地丹徒一带。此铭文中还说：周王分封宜侯时，"王省武王、成王伐商图，遂省囗国图"。这说明周王授土是有"图"作为依据的，"图"可以让周王对封地内河流、宅邑的具体数目了然于心。所以周王给宜侯封赐土地的情况，宜侯夨簋铭文就记载得十分清楚——"赐土：厥川三百囗，厥囗百又廿，厥宅邑卅又五，囗囗百又卌（四十）"。由此可知，西周分封确实经过了周密的策划。这一点，跟上文说周王所分封的各国占据全国交通要道、战略要地，可以相互印证。

西周封建诸侯，还要"授民"。周王向诸侯所授予的民众，从《左传·定公四年》的记载看，包括三批属民：担任官职的人、被分配的殷民旧族，以及附着在封地上的原住民。

担任官职的人，包括祝、宗、卜、史、职官五正之类，应该是一整套跟随诸侯到新领地的"职能班子"。宜侯夨簋铭文中也有记录，周王分封时，分配"王人"和"奠七伯"跟随虞侯迁封至宜。这些职官都是周人。他们由周王派遣，跟随诸侯到达封国，到封国之后可能仍对周王负有一定责任。如果这个推测是准确的，那么这种人员分配的方式，不仅仅是周王在派遣人员帮助诸侯生存，某种程度上也加强了中央王朝对诸侯的控制与监督。

《诗经·大雅·崧高》有关"王命傅御，迁其私人"的记载。

分配殷民旧族，是周王分封新诸侯的一项重要内容。周人在平定管蔡叛乱和进行东征之后，对殷人实行过大规模的迁移和分割。殷商遗民中的一部分留在原商都附近，建宋国，由商纣的庶兄微子继承商人祭祀。《史记·宋微子世家》记周公"乃命微子开代殷后，奉其先祀，作《微子之命》以申之，国于宋"。另一部分殷遗民迁往洛水，营建洛邑。《尚书·多士》说"成周既成，迁殷顽民"，"惟时其迁居西尔"，《逸周书·作雒解》说"俘殷献民，迁于九毕"（孔晁注："九毕，成周之地"）。这些资料都说明周人把一部分"殷顽民"迁到了殷都西面的洛邑。其余的殷遗民或被迁往更西边的周原地区，或由周分封的各个诸侯分领，带到新的封地"分而治之"。前者如史墙盘铭文所述，墙的祖先微氏投奔周人，周公将其安置在周原居住。后者如史籍所载，鲁国领有"殷民六族：条氏、徐氏、萧氏、索氏、长勺氏、尾勺氏"，卫国领有"殷民七族：陶氏、施氏、繁氏、锜氏、樊氏、饥氏、终葵氏"，晋国领有"怀姓九宗"。（《左传·定公四年》）从称"族"称"宗"来看，这些分配给各国的殷民，还比较完整地保存着原来的氏族结构。丁山解释"使帅其宗氏，辑其分族，将其类丑"说："周初文献概称氏族为宗氏，或省称为宗。宗之下，有分族；分族，盖即'小宗'。小宗之下，又有类丑……类似乎是同族；丑则是由战争俘虏来当奴隶使用的敌国外族。"①另《史记·秦本纪》中西北有"荡社"的说法，司马贞的《史记索隐》中认为也是商人的后裔："西戎之君号曰亳王，盖成汤之胤。其邑曰荡社。"经过这样一番分割，殷人的势力基本上被瓦解殆尽，不可能对周的统治再形成大的威胁。那些跟随周人分封队伍前往分封地点的殷人并不是奴隶，有学者论证他们"是作为族集团军事组织中的战斗成员和后勤人员的姿态出现的"。②

至于附着在封地上的原住民，其典型例子有宜侯夨簋中被赐予夨的"易（赐）宜庶人六百又□□六夫"，《诗经·鲁颂·闷（bì）宫》中提到的"土田附庸"，《诗经·大雅·崧高》中的"因是谢人，以作尔庸"，以及《左传·定公四年》记载的周初

---

① 丁山遗著：《甲骨文所见氏族及其制度》，中华书局1988年版。
② 袁定基：《子鱼所述周初"大封建"史料中三个问题的分析》，《西南民族学院学报（社会科学版）》1986年第1期"历史研究专辑"。

封给鲁侯的"土田陪敦"和"商奄之民",等等。这些原居民,他们保留了原来的生产组织,改事新君。

我们可以看出,经过这样一番人员的整合,西周新分封的诸侯国的人员组成,既不是占据原地区、原民众的旧邦国首领,也不是完全由周人组成的殖民队伍。正如许倬云指出的那样:"分封制度是人口的再编组,每一个封君受封的不仅是土地,更重要的是分领了不同的人群。……新封的封国,因其与原居民的糅合,而成为地缘性的政治单位……因此,分封制下的诸侯,一方面保持宗族族群的性格,另一方面也势必发展地缘单位的

《左传·定公四年》有关"三者(鲁、卫、唐)皆叔也,而有令德,故昭之以分物"的记载。

政治性格。"①这种重新结成的组合"初步打破邦族界限","使政治关系进一步冲淡旧有的邦族因素作为封国建立的共同基础",从而"加强被征服地区的政治管理",使新建的封国成为"地方政权单位"。②

目前考古发现的较完整的西周诸侯国遗址,有山东曲阜鲁故城和临淄齐故城、北京琉璃河燕国遗址、山西曲村-天马晋国早期都城遗址,陕西宝鸡一带的𢐗(yú)国墓地、矢国墓地等。从这些遗址的发掘情况看,其中既有周人的文化因素,又有当地土著居民的文化因素,呈现出较为复杂的居民糅合局面。例如,鲁国遗址的陶器风格和葬俗,既有商奄之民的风格,又有周人的风格,显示两种文化的交融渗透;琉璃河燕国遗址的文化面貌,包含周人、商人和当地土著居民三种因素,显示出居民结构的多样性;而西周晋国遗址所出土的情况,反映出周人与当地戎狄土著居民间的密切关系;宝鸡一带𢐗国、矢国墓地,也体现了当地羌戎文化的渗透和影响。

周王分封这些重要诸侯的时候,还要"分物"。"分物"并不是周王随意地赏赐物品,而是颁赐给这些诸侯带有某种象征性含义的器物。《左传·定公四年》祝佗曾经说:"三者(鲁、卫、唐)皆叔也,而有令德,故昭之以分物。"《左传·昭公十五年》周王也说过:"有勋而不废,有绩而载,奉之以土田,抚之以彝器,

---

① 许倬云:《西周史》,生活·读书·新知三联书店2012年版。
② 葛志毅:《周代分封制度研究》,黑龙江人民出版社1992年版。

旌之以车服，明之以文章。"晋代学者杜预注解后面这段话的时候说："不废勋"指的是"加重赏"，"载绩"说的是"书功于策"，而"彝器"是为了安抚，"车服"是为了表彰，"文章"即旌旗，则是为了彰显其功。祝佗和杜预都是把"分物"视作奖励、彰显诸侯明德的奖品。但我们从其他材料看，分封时"分物"的意义还不止于此。春秋时候晋国大夫籍谈虽然"数典忘祖"，也还知道"诸侯之封也，皆受明器于王室，以镇抚其社稷"——那些分封时从王室获得的宝物（明器），是具有"镇抚社稷"的作用的。周王曾说："密须之鼓与其大路，文所以大蒐也；阙巩之甲，武所以克商也。唐叔受之……"（《左传·昭公十五年》）唐叔在分封时接受的"密须之鼓与其大路"及"阙巩之甲"，都是文王、武王的旧物：前者是文王克密须的战利品，后者是武王克商时的披挂。《左传·定公四年》追记卫康叔受封的时候接受了"少帛"——这是旗帜的名称。王引之《经义述闻》认为"少帛"就是《逸周书·克殷解》中的"小白"。武王曾到商纣王妃自缢的现场，进行过模拟击杀、悬挂旗帜的仪式："（武王）乃适二女之所，既缢，王又射之三发，乃右击之以轻吕，斩之以玄钺，县（悬）诸小白。"——"小白"也是武王攻克殷都战役中所用的旧物。我们从这些例证可以推知，其他诸侯受封时所接受的赏赐物品，也很可能与文、武事迹有关。在周人有将祖先配天而祀的信仰前提下，这些旧物无疑带上了"文武之道"的象征含义。

不仅如此，受封的诸侯还要接受周王赏赐的"彝器"。所谓彝器，是诸侯日常使用的宗庙祭祀之器。从周王室受领这些日常使用的宗庙祭祀之器,一方面表明这些诸侯与周之间有紧密的血缘关系,另一方面也体现了他们分氏之后具有的一定程度的独立性。无论受封诸侯从周王室受领的是彝器、旗帜还是车服,从一定意义上说,都是为了表明这些受封者与周王室存在血缘及君臣关系,是从此拥有合法地位和合法权力的象征物。所以分封时"分物",也就成为确定这些新诸侯在新领地的统治合法性的必要程序之一。

分封时的最后一项内容,是"命以执政原则"。周王分封鲁国于东夷所在,将卫国分封到商人故土,而唐叔受封之地是原来的夏朝旧地,这些都不是原来周人的实际控制区域,要怎样才能进行有效的统治?周王在封建仪式上,特意对这些诸侯进行了指导。受封鲁国的是周公儿子伯禽,东夷又是原先周公东征的重点,因此周王命令伯禽"法则周公,用即命于周",就是要效法周公,使东夷完全臣服。卫康叔统领商人故土,需要镇抚结合;而唐叔的夏朝旧地,早就成为戎狄出没之地。所以周王特别授意这两个封

伯禽像

国,在统治原则上需要更强调灵活性:一个是"启以商政,疆以周索",另一个则是"启以夏政,疆以戎索",强调必须结合当地土著的习惯法则和风俗来进行灵活的统治。(《左传·定公四年》)

结合旧国风俗来统治,这方面最典型的例子就是齐国。姜太公吕望接受了周王的分封册命,从成周出发,日夜兼程,到达封国时立足未稳,当地的土著莱人就来与他争夺营丘。齐侯传过五代,死后都还将灵柩返葬于周。尽管这样,太公至国后,修明政治,采用当地人的习俗,简化周礼,经济上发挥海滨的鱼盐之利,发展手工业和商业,最后终于使齐成为大国。

通过对西周"封建诸侯"具体内容的分析,我们可以了解到这种"封建"的本质:

第一,周代"封建"是一种统治方式。在天下范围内建立

姜太公浮雕像

姜太公像

若干以王室懿亲及功臣谋士之国为首的统治区域，瓦解、分割殷人势力，并由点及面地对广袤的地域进行有效控制。从周人大规模由西向原殷人势力所在的东部地区进行移民的做法来看，可将之视为带有一定程度的武装殖民性质。第二，周代"封建"是建立在族群大迁移基础上的对人口的重新编组，促使诸侯国一级的政治组织由血缘关系向地缘关系转化。第三，周初"封建"是周人集团内部对政治权力和经济利益的再分配形式。在这一过程中，周天子作为核心，与受封的王室子弟、王族懿亲和功臣谋士进行权益分享。

经过这样一番辛苦打造，由王室宗亲建立的新诸侯国对周王室的向心力大大加强，同时周王朝建立起了一种类似后来朝代中央与地方的关系，从而形成周王朝极有特色的国土结构。从西周历史来看，可以这样说，"封建"在较长的一段时间内，保证了周王室对天下的有效统治。

第五章

西周政府的架构

中央政府的组成

成王东征胜利，封邦建国，从此西周王朝的运转实际由两部分共同支撑：一部分是官僚系统，周王依赖他们，对以都城为核心的中心统治区域进行直接行政和管理；另一部分，是以"封建"的诸侯为主体的诸侯国自治的行政系统。前者可以称作是整部王朝统治机器的"中枢"和"大脑"。

这个"中枢"体系是逐渐完善起来的。仅从学者于20世纪80年代对所见金文的统计来看，属于西周早期的职官有五十种，中期七十九种，晚期达到八十四种。由此可以看出，随着时间的推移，西周的职官数不断增加，分工和层级更加细密，官僚机构也越加庞大。①

成王时期，太师周公、太保召公为中央政权的执政大臣。师、保是从贵族家庭内部的幼儿保育监护制度发展而来的官职。成王年少，师、保作为青少年国君的教养监护人，辅佐国君统辖

---

① 张亚初、刘雨：《西周金文官制研究》，中华书局1986年版。

诸侯百官，执掌朝廷军政大权。《尚书·周书》中留下了不少周公、召公所作的篇章，诸如《召诰》《康诰》《梓材》等，记录下太师、太保对年少君主的谆谆教导。周公曾协助武王克商。东征胜利、归政成王之后，他留守成周，主持东都政务，最终在成周病逝。召公，姬姓，是周王同姓中德高望重的长者。成王病重时，正是太保召公带领群臣，接受遗嘱；康王即位，召公又主持仪式，代表成王向康王授予传位的信物介圭，之后回归臣位，面北，向康王行君臣大礼。

太师、太保，应该是西周王朝地位最高的执政大臣。《诗经·小雅·十月之交》有"皇父卿士"，地位在司徒、太宰、膳夫、内史等官职之上。杨宽认为这应该就是执政大臣的专称，西周初期为太保或太师，中期以后为太师。《诗经·大雅·常武》中出现的太师皇父就是这样一位实权人物（"王命卿士，南仲大祖，大师皇父"）。①

西周早期，金文中已经出现了纯粹以治民行政为职的卿事（士）寮的记载。寮、僚，古同字。卿事寮就是卿事及其僚属。从金文中常以此作为一个总称名词来看，它很可能已经具有官署或政府机构的含义。周初青铜器令彝的铭文上说：周王命令周公子明保管理"三事四方"，掌管卿事寮。"三事"与"四方"对举，其受令的对象就包括卿事寮的官员、诸尹、里君和百工。"四方"

---

① 杨宽：《西周中央政权机构》，《先秦史十讲》，复旦大学出版社2006年版。

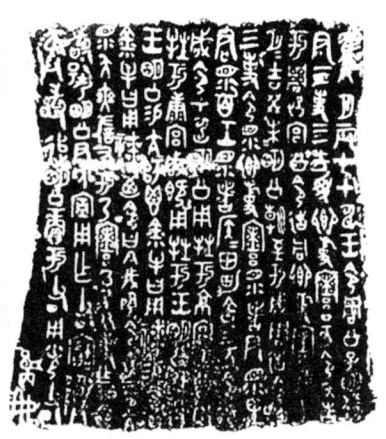

令彝（现藏于美国华盛顿弗利尔美术馆）及其铭文。铭文有十四行、一百八十七个字。文中记述周公之子明保在成周举行祭祀并受命管理"三事四方"。明保可能是周公旦之孙，名为"明"，"保"是其官职。有学者则认为是伯禽或君陈。

指诸侯，包括侯、甸、男在内。这一方面表明了西周王朝的确存在两个分开的区域行政体系，另一方面，也可看出卿事寮作为一个官署机构，地位在诸尹、里君和百工之上。

卿事寮中都包括哪些官员？除太师、太保之类的最高首长，一般认为，"三有司"是卿事寮的属官，包括司徒、司马和司空。司徒，金文中写作"司土"。根据张亚初、刘雨的研究，司土的主要职能是掌管土地、农副业生产等，兼具出征和在典礼上承担傧右之职。西周晚期金文中才出现"司徒"的写法，很可能反映了这一职官的职能变化：从土地和农事管理转向人员管理，包括掌管征发徒役和民众教化。司马，是职掌军事的职官，掌管兵赋，常见于西周中晚期青铜器铭文中。司空，《周礼·冬官》部分阙

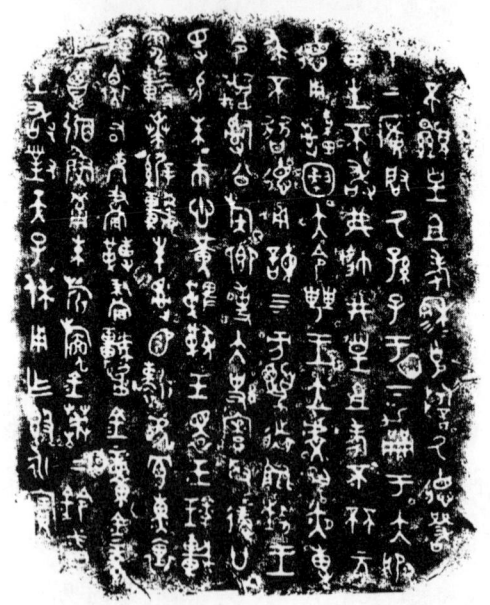

番生簋盖（美国纳尔逊-阿特金斯艺术博物馆藏）及其铭文

佚,《后汉书·百官志》上说其"掌水土事。凡营城起邑,浚沟洫,修坟防之事,则议其利,建其功",金文写作"司工",更加名副其实。此外卿事寮的官员可能还包括司寇(见南季鼎和扬簋铭文),掌刑狱警察之事。① 这些大都承担民事日常行政的职能。

李峰认为,"卿事寮的出现可能是西周国家最重要的制度性发明之一",它说明西周特别重视民事行政管理,而不是像商政府那样首要处理与神的关系。这为西周早期的强势扩张提供了非常强大的实践性力量,也为官僚制度和官僚政府的发展提供了初始条件。"西周早期政府可能代表了古代中国政治文化发展中一个重要的转折点。"②

西周中晚期的青铜器番生簋铭文上出现了"公族、卿事、大史寮"并列的提法。这一时期,王朝政府的架构扩大了,也更加完善。金文中出现"司徒"的写法,司马官职也多见于这一时期,说明卿事寮中三有司更着重于处理民事行政方面的职能。此时除了王朝中央,在地方诸如郑、芮等,甚至在军队中都设置了三有司("六师王行三有司")。这反映出西周政府越来越鲜明的民事职能。

除了卿事寮,周王的行政体系中还包括"太史寮"。太史寮的长官应是太史,这个官职在西周早期就出现了。传说毕公③曾

---

① 张亚初、刘雨:《西周金文官制研究》,中华书局1986年版。
② 李峰著,吴敏娜译:《西周的政体——中国早期的官僚制度和国家》,生活·读书·新知三联书店2010年版。
③ 毕公,周文王第十五子,辅佐周武王建周。封地于毕,建毕国,爵位为公,故称毕公。

086 | 封邦建国的礼乐世界：西周

西周蔡簋

西周宰兽簋

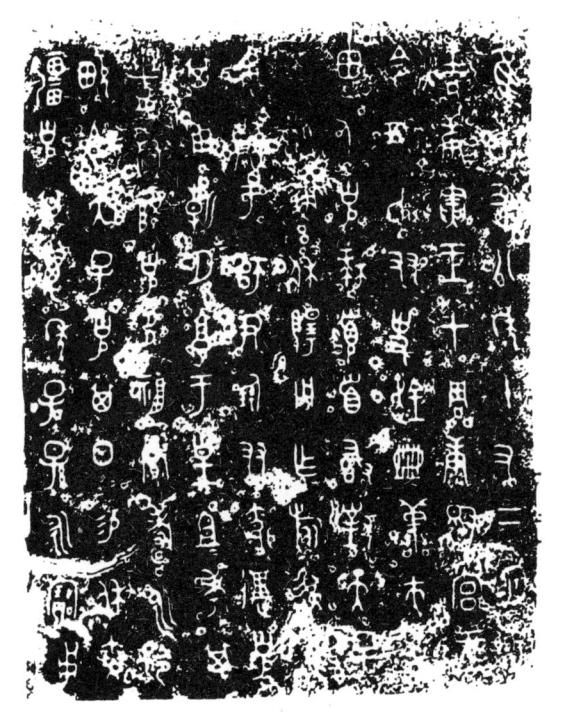

善夫克盨（现藏于美国芝加哥艺术博物馆）及其铭文

担任太史,可见这一身份的显要和尊贵。根据铭文和传世文献的记载,太史的职责主要是:助王册命、赏赐,保存、整理文化典籍,为王助手和顾问等。西周中期,太史所承担的册命、制禄、祭祀、时令、图籍、记录历史、礼制、天文、历法等方面的职能,有了更多的分担者,金文中新出现了不少史职人员,包括内史、御史、中史、省史、繇(yào)史、作册等。他们的主要活动内容包括传达周王命令,代王册命,赏赐群臣,在册命仪式上担当傧右,参与宗教活动,代王到地方和诸侯国视察安抚,参与出征,等等。其中内史是宫内的史官,主要出现在册赐诸侯臣僚的场合;御史是掌管文书和档案的官吏;中史,职掌司法案件备案;省史,监察百官过失;繇史相当于《周礼》中的"司约",管理契约文书之类;另有作册,与内史性质极为接近,有学者认为可能是一官二名。从金文资料看,除内史职掌的范围外,作册的职权还包括管理进献祭祀的胙肉,参与铸造祭祖的礼器,代表周王出使诸侯,管理旗帜等。[①]李峰将太史寮的出现称为"书记类官员职能的分化"。[②]这同样是该时期西周政府官僚化的重要表征之一。王国维认为,这时金文中出现的"内史尹"或"作册尹",即《诗经·小雅·节南山》中出现的"尹氏",其与太师共秉国政,是这时太史寮的官长。[③]

[①] 张亚初、刘雨:《西周金文官制研究》,中华书局1986年版。
[②] 李峰著,吴敏娜译:《西周的政体——中国早期的官僚制度和国家》,生活·读书·新知三联书店2010年版。
[③] 王国维:《观堂别集·书作册诗尹氏说》,《观堂集林》,中华书局1959年版。

《礼记·曲礼下》说天子建天官，首先设立大宰、大宗、大史、大祝、大士、大卜等"六大"，之后再设"五官"：司徒、司马、司空、司士、司寇。这个说法应该有比较久远的渊源。"六大"大体上是一些与宗教相关的神职，而"五官"都是治民之官。《曲礼下》记述建官过程，将神职凌驾于治事官之上，这应该反映了职官产生之初，宗教权力曾占据过最高的地位。不过，在西周，王朝中央政权的官员基本上分属卿事寮、太史寮两大官署[①]，与宗教职事相关的官员归属于与治民之官地位相当的太史寮。从这一现象可以看出，当时宗教职能在政权机构中已经逐渐削弱，政务官职机构得到扩大。

西周晚期，卿事寮和太史寮这两大官职系统仍是最重要的两大政府机构。它们同时出现在西周晚期的毛公鼎铭文中。毛公鼎，清朝道光年间出土于今陕西岐山县，铭文字数多达四百九十七字，现藏于台北故宫博物院。这一长篇铭文记载了周王对毛公的册命，其中说道："已曰及兹卿事寮、大史寮于父即尹。"又说，周王命令毛公掌管"公族雩（与）叄（三）有司、小子、师氏、虎臣"。

"公族"，在上文引用的番生簋铭文中也有出现。杨宽先生认为是掌管公族内部事务的官员，其地位与卿事寮、太史寮相当，列于三有司之上。李峰则提出，他们代表的是多个个体的集合，

---

① 杨宽：《西周中央政权机构剖析》，《历史研究》1984年第1期；张亚初、刘雨：《西周金文官制研究》，中华书局1986年版。

毛公鼎（西周晚期，饪食器，陕西宝鸡市岐山县出土，台北故宫博物院藏）及其铭文拓片。鼎内有铭文四百九十七个字，记载了周王册命毛公，以及对其予以赏赐的事情。

不是政府机构。不过从毛公掌管的职权范围来看，公族作为官职的性质还是比较明显的。

除了卿事寮和太史寮，另有太宰、膳夫等一类活跃在周王身边的官员。太宰又称冢宰，是西周卿一级的高官，是内朝的长官。本为周王的家务总管，主管周王的财产，包括土地、奴隶和器物财用。因为与周王关系亲近，太宰还主管宫内事务，包括王的起居饮食，执行王后的命令。如蔡簋铭文所记的册命辞为"作宰，司王家……司王家外内……司百工，出入姜氏令"，正是如此。姜氏，指周王后。其下的属官有内宰、小宰和宰。宰兽簋铭文记载，一位名叫"兽"的宰官受命掌管康宫的王家仆庸（"康宫王家臣妾仆庸"），显然是太宰手下的属官。又有"膳夫"，掌王饮食和出纳王命。还有司裘，是为周王提供和保管裘皮制品的官员。这些官员更具有天子"家内官"的特点。这些"王家"官员管理直属于周王的财产系统，显示王家的行政管理正从西周政府中脱离出来。[1]也正由于与周王的亲近，西周中晚期，宰与膳夫很容易成为大权在握的权臣。比如西周晚期有膳夫克，周王不仅赏赐他大量物品，还赐七处田地、赐人、赐官吏，并且命他"出内（入）王令"和"舍令于成周，遹正八师之年"（参见大克鼎、善夫克盨、小克鼎铭文）。赏赐之丰富，权势之大，膳夫克仿佛后世的"钦差大臣"一般了。

此外，西周职官中还有一大类是武职，掌兵旅之事，包括

---

[1] 李峰著，吴敏娜译：《西周的政体——中国早期的官僚制度和国家》，生活·读书·新知三联书店2010年版。

毛公鼎中"师氏、虎臣"之类。虎臣又称虎贲,是周王的禁卫军,早在武王伐纣的时候就已经出现了。师氏作为泛称,泛指军队各级负责人及其所属士兵。师作为职务,有以下几种职权:作为军事长官,率领军队,参加战争;为王命出入,巡视地方,做册命礼的傧右;兼任司法职务,为王的司寇或司士;为王管理王室事务(如师望簋铭文提到的:"王呼史年册命望:死司毕王家")等。另有亚旅、千夫长、百夫长(《尚书·牧誓》)、"趣马"等,也都是各级武官。传世文献和西周金文中出现的"大师",很可能是师的上司。

综上所述,我们能够看到,西周王朝逐渐建立起了一整套比较完备的中央政府机构,且分化出分别负责行政民事、文件书记、军事以及王家事务等多种职能的官署,从而能够全面有效地实施统治。不过,这种分化并不完全,具体职官职能之间还有不少交叉。比如军事、行政功能还没有分离:太师既是军事长官,同时还是卿事寮的长官;师职既是武官,又有作为子弟教官的职能;西六师、成周八师既是周王军队,其下又设有"三有司"之类的民事官员。又比如王家事务与王朝事务还有很大程度的混淆:既已分化出冢宰等"家内官"负责王家事务,周王仍然还会任命一些王朝官员对王家事务进行管理。这些现象都说明,西周王朝中央政府的官僚化、制度化仍在进行过程之中,并没有最后完成。

政府的运作与管理

西周王朝的中央政府是如何运作和管理的？

周王是这个政府最高的行政和军事首脑。他通过册命仪式，任命贵族担任王朝官员，与之建立起政治上的君臣关系。

西周青铜器铭文中有大量的册命金文，记载了西周册命礼（包括分封礼）的详细过程：整个册命仪式，君主亲临，受命的诸侯或卿大夫由更高级的贵族引导入场，君主身边的作册当众宣读册命文书，文书内容包括君主所授予的职务、身份、地位和赏赐物品。这份册文的正本，之后要由受命者珍藏，副本则由内史收藏于府库。受命的诸侯或卿大夫行"拜（手）稽首"[①]的大礼，接受命书、赐玉，退出会场；稍后，受命者再次手执璋玉入场，以所授予的新身份觐见君主，行大礼，称颂周王，并表达自己认同和臣服于君权的态度。这是一个非常隆重的仪式，就在文书、物品的授受之间，授予者（天子、诸侯及各级君主）与接受者（诸侯或是任职的贵族）君与臣的地位得到确认，权利与义务得到强调。从此"君命不二"，"君命臣从"，臣子要以实际行动尽心效忠于自己的君主，要无条件服从君主的命令。

周王与官员之间的君臣关系，是政府运作的基础。此外上文

[①] 先秦拜手礼，为两膝跪地，拱手胸前，首俯于手。稽首礼是两膝跪地，拱手至地，首亦俯于地。拜手稽首，即先行拜手礼，接着行稽首礼。参见胡新生《周代拜礼的演进》，《文史哲》2011年第3期。

提到，西周中央政府各官署及官员已经产生了较明确的职能分工，能够对民事、军事、王家事务等多种内容进行比较专门的管理。官员之间还发展出了上下层级关系，这表明政府的行政命令也具有了比较清晰的层级结构。

《周礼》作为一部职官书，不但把全部职官归属到天官、地官、春官、夏官、秋官和冬官六个系统中，而且每个系统都有自己的长官、僚属及更下级的官员。这个体系遭到历代很多学者的怀疑，认为不可能是西周职官的真实情况，应该是后人把西周以及春秋战国的许多职官进行重新整合的结果。不过我们从西周青铜器所记载的册命铭文中，还是能够比较清楚地看到，当时部分官员间的确已经存在上下级的关系。册命过程中，会出现一位负责带领受命者进入仪式现场的官员，称作"右者""傧者"或"傧右"。这位官员与受命者职务之间有一定的统属关系，傧者往往为受命者的上级长官，受命者一般是傧者的下级属官。① 比如望受命"死司毕王家"，其傧者是掌管王家事务的宰倗父；师瘨受命"官司邑人师氏"，他的傧右是职司军事的司马；伯俗父作为庚季的傧右，后者受命辅佐他……都是如此。册命金文中还有一部分，记述周王直接任命官员的副手，金文中以册命A"左右"或"楚（疋）"B为语言标志。A就是B的副手，B就是A的直接上级。而这些册命仪式上出现的右者C，应该是A与B的共同长

---

① 李学勤说，引自陈汉平：《西周册命制度研究》，学林出版社1986年版。

西周同簋（现藏于北京故宫博物院）及其铭文拓片

官。李峰因此进一步提出,"西周中央政府的行政程序可能被划分成若干'专业群体'"。①

官员们在同一行政流程中建立起上下级的工作关系,行政命令会通过这种工作关系得到步步执行。师永盂铭文记述了周王赐地的全过程:益公从周王那里接受命令,要赐田给师永;益公把命令下达给井伯、荣伯、尹氏、师俗父和遣仲五位官员;这命令继续下达到郑司徒、周人司工等基层官员;然后由当地的官员负责划分田地边界,最终把土地交付师永。这一过程,清楚地向我们展示出周王的命令是如何从中央政府的顶层向基层传达和执行的。②

周王直接册命副职官员,以及册命仪式上作为傧右出现的受命者上级,都表明王朝官员间这种工作中的上下级关系是由周王授意建立起来的。而且从副职官员的册命辞来看,周王至少能直接给王朝官员体系内部的三级下达命令。还有一些官员所受命的职司较低,例如管理周师的仓库(免簋铭文中的"司廪")、管理"直"这一地区的郊区地带(恒簋铭文中的"司直鄙")③、管理阳林地区的山泽苑囿(同簋铭文中的"司昜(场)林

---

① 李峰著,吴敏娜译:《西周的政体——中国早期的官僚制度和国家》,生活·读书·新知三联书店2010年版。
② 李峰著,吴敏娜译:《西周的政体——中国早期的官僚制度和国家》,生活·读书·新知三联书店2010年版。
③ 《左传·僖公二十四年》称"鄙在郑地氾",杜注:"鄙,野也。"《国语·齐语》称"叁其国而伍其鄙",韦注:"鄙,郊以外也。"

吴（虞）牧"）等，相当于《周礼》中囿人、林衡之类的官职，他们的爵称大概也不过上士、中士和下士。[1]这部分职务低微的官员也由周王直接册命。由此可以推知，一是当时王朝官员的层级关系还比较简单，二是通过册命仪式建立君臣关系，周王能够在某些地域实现对各级政府官员的直接管理和控制。

作为西周中央政府的最高军事和行政首脑，周王通过王官体系来实现其统治。不过，由于这一时期政治权力存在着"天子—诸侯—卿大夫"的等级结构，周王权力的实施其实受到了不小的限制。《诗经》上说"率土之滨，莫非王臣"，理论上天下之人均应为周王的臣民，但是事实上，西周时期的君臣关系远远没有达到后代中央集权时候的水平。周天子册命自己的王臣（包括诸侯和王朝官员），这些王臣又各自任命自己的臣属，"君臣"关系也就呈现出多个层级。比如春秋时期晋国的卿大夫范宣子说自己"以相晋国，且为吾家"（《国语·晋语八》），就是诸侯国公卿大夫双重属性的自白。除了周王，其下的诸侯、卿大夫都具有这种"既为臣，又为君"的双重身份。在这个层叠架构的君臣关系网里，周王直接任命的诸侯、王朝官员及其下属，还有重要诸侯国的命卿，都是与周王建立起直接君臣关系的"王臣"；而诸侯及各级官员又各自任命自己的下属官员，这些下一层级的官员又与自己的册命者结成直接的"君臣"关系。对周天子而言，这些人

---

[1] 陈汉平：《西周册命金文分析表》，《西周册命制度研究》，学林出版社1986年版。

齐侯匜（西周晚期，上海博物馆藏）

属于"臣之臣"，他们则自谓"陪臣"。一般情况下，天子可以直接命令王官，但很少直接命令诸侯或卿大夫的下属。可见，由于西周君臣体系层叠性特征的存在，周王行政的执行效力显然会受到很大的局限。

另一方面，随着时间的推移，西周中晚期，在由周王直接册命构架起来的王官体系内部，上下级关系也"变味"了：原本是上下级职务间公共的关系，却渐渐变成了个人之间私人化的隶属关系，日本学者伊藤道治将之称为"私臣化"。① 比如这一时期，柞作为一个王臣，接受了周王任命他"司五邑甸人事"的职司。在记录这次册命的金文中，柞并没有出现颂扬和感激周王的语词，仅仅对引导他出场的上级官员仲大师表达了感恩之情。这种"受职公堂、谢恩私门"的情形，对王朝行政也会

---

① ［日］伊藤道治著，江蓝生译：《中国古代王朝的形成》，中华书局2002年版。

造成相当的阻碍。

刑罚和军队

刑罚和军队，是西周王朝行政、国家运行的两个重要支柱。上古的时候，兵、刑不分。"大刑用甲兵，其次用斧钺"（《国语·鲁语上》）。对那些违反统治秩序的百姓、贵族和诸侯进行惩治，小则采用刑罚，大则出动军队镇压。

河南洛阳东郊西周初期墓葬中出土了一个手戴枷锁的小玉人，高约七厘米，身穿短衣短裳，头上有大耳和角装饰。1989年，山西闻喜出土一辆西周青铜挽车，上面出现了一个下肢残缺的人物。北京故宫博物院收藏的一件西周晚期青铜器上，同样出现了左下肢残缺的守门人形象。《周礼·秋官司寇》上说"刖者使守囿"，意思就是让受过刖刑的人来看守园囿。刖刑，是上古砍足的酷刑。这几件文物上所显示的戴枷和受过刖刑之人，正是西周时期严酷的法律惩罚罪人的证明。

《左传·昭公六年》记载，晋国大夫叔向回顾历史，提到"夏有乱政而作禹刑，商有乱政而作汤刑，周有乱政而作九刑。三辟之兴，皆叔世也"。商代已有五种残酷的肉刑流传下来：墨，在脸上刺字；劓（yì），割去鼻子；剕（fèi），又称刖，砍脚；宫，割除男性的生殖器官；大辟，杀头。这些刑罚在西周继续使用，并得以发展。《左传·文公十八年》提到周公曾作誓令，有

西周玉人

刖人守囿挽车（西周晚期春秋早期，山西运城市闻喜县上郭村出土）。车厢后门上嵌有一个裸体的守门刖人。全车有十五处可以转动，装饰有虎、熊、鸟、猴等十四种动物。此车是作把玩之用。

"九刑"的规定："毁则为贼，掩贼为藏，窃贿为盗，盗器为奸。主藏之名，赖奸之用，为大凶德，有常无赦，在九刑不忘。"《逸周书·尝麦解》上提到，"周刑"是在成王时期由大正修订刑书，太史"策刑书九篇，以升授大正"。"九刑"是什么？前人有不少看法。根据《汉书·刑法志》和《尚书·吕刑》东汉郑玄注，"九刑"应该是指五刑加上流刑、赎刑、鞭刑和扑刑。

西周中期，穆王命令吕侯（甫侯）对法律进行改革，制定更加严密的法律，这就是记载在《尚书》中的《吕刑》。其中一个举措就是完备五刑的刑罚制度，规定判五刑的律条一共有三千条：墨、劓各有一千条，剕刑五百条，宫刑三百条，大辟两百条。

同时，西周为不同身份等级的人群制定了不同的法律。《周礼·秋官司寇》有"国刑""官刑"的规定。《礼记·曲礼上》所谓"礼不下庶人,刑不上大夫",正是此意。《尚书·吕刑》中记载,西周为贵族专门设置了赎刑,只要贵族缴纳一定的罚金,就可免受相应刑罚。其中墨刑需要一百锾(音 huán,一百锾约等于三斤铜),劓刑两百锾,剕刑五百锾,宫刑六百锾,大辟罪也可以使用赎刑,需要一千锾。

《礼记·曲礼上》有关"礼不下庶人,刑不上大夫"的记载。

1975年出土的㝬匜(yìng yí),记录了一件诉讼案件。一个叫牧牛的人,将他的上级官员㝬告了。审判长伯扬父处理这件案件时,直斥牧牛"犯上","你竟敢跟你的长官打官司"("女敢以乃师讼")。伯扬父判决牧牛必须送五个奴隶给㝬,而且为惩罚他的诬告行为,还准备要判罚鞭刑一千,还要在他脸上刺字,使他一辈子只能用黑巾蒙面。最终,伯扬父判处牧牛鞭刑五百下、罚金三百锾,并且警告说:如果你的长官再告发你,就要对你处以一千下鞭刑,还要施以墨刑!——一旦受墨刑,就会沦为奴隶了。这个例子再清楚不过地反映出西周法律的阶级性。㝬匜是一件盥洗器,内底和盖连续铭文一百五十七个字,是一桩诉讼案的

㺇匜及其铭文（陕西宝鸡市岐山县董家村一号青铜器窖藏出土）

判决记录，实属中国已经发现的最早、最完整的诉讼判决书，故被冠以中国"青铜法典"的美誉。

至于那些"寇攘奸宄，杀越人于货"、对王朝秩序造成了威胁的人，西周"则有常刑"，就连贵族中危害王权的人也不能避免。周初作乱的管叔被杀，蔡叔被流放，就是因为他们不但破坏了王朝的君臣秩序，还破坏了宗法秩序，是不孝不友的"元恶大憝（duì）"。

西周时还没有公布成文法典，但估计应该有可供官员使用的刑书。上述㺇匜铭文内容也能说明，伯扬父定罪判罚还是有章可循的。当时可能已有专门负责判案和司法的官员。金文中有"敏谏罚讼""讯讼"的说法，也有司寇的职务。《周礼·秋官司寇》上说，司寇"帅其属而掌邦禁，以佐王刑邦国"，由此看来，司寇应该是专职的司法官员。西周金文中还记录有兼管刑责的官员,其中一些人本职是武官,如大盂鼎铭文中称"司戎"的盂,盠簋铭文中提到的身为豳师冢司马的盠;此外,扬簋铭文提到的扬是司工,兼司寇之职等。师旂鼎铭文中有一位判决师旂众仆的伯懋父,也是军事指挥官的身份。除了这些受命司法的官员之外,周王朝的执政官员同样可以代表周王行使司法的权力。比如五祀卫鼎铭文记"卫以邦君厉告于井(邢)白(伯)、白(伯)邑父、定白(伯)、琼白(伯)、白(伯)俗父",其中的"井(邢)白(伯)、白(伯)邑父、定白(伯)、琼白(伯)、白(伯)俗父"就是当朝的执政大臣。①在处理狱讼的时候,纠纷双方到场。《周礼》上说,小司寇要根据纠纷双方表述时候的神态气势来进行判断,要征询群臣、群吏和民众的意见进行判决。

《尚书·吕刑》作为西周穆王时期制定的具有法典性质的文章,再三强调了"德"与"刑"的重要性:"惟敬五刑,以成三德。"又说:"有德惟刑。"其中德是第一位的,德主刑辅,明德慎罚。要将德的教化与刑罚结合起来,崇尚德治,审慎地使用刑罚。司法官员应该谨慎用刑,要有哀矜之心,务必使情罪吻合,"轻重诸罚有权"。对"德"的强调,也是西周政治的一大特点。

为了保证周王的权威,拥有强大的军事力量更是首要的。西周时期,周王始终保持着强大的军事优势,属于周王的军队就有虎贲、周六师和成周八师。其中虎贲是周王的禁卫军,金文

---

① 李学勤:《西周金文中的土地转让》,《光明日报》1983年11月30日(又见《新出青铜器研究》,文物出版社1990年版)。

《尚书·吕刑》有关论述"德"与"刑"的重要性的记载。

中的"虎臣"应该就是指他们。早在武王伐纣的时候,虎臣就是攻打商都重要的军事力量。周六师是驻守宗周西土的军队,又称"西六师"。成周八师是驻守成周的军队,又称为"殷八师"(也有认为成周八师和殷八师是两支军队,一支驻守成周,一支驻守原殷都,即卫地)。①

《周礼·地官司徒》叙述周代军队建制:"五人为伍,五伍为两,四两为卒,五卒为旅,五旅为师,五师为军。"这样算来一师就有二千五百人。这个说法未必准确。据称周王的这些军队加起

---

① 认为成周八师与殷八师同一的,参见:李学勤《郿县李家村铜器考》《文物》,1957年7期;于省吾《略论西周金文中的"六𠂤"和"八𠂤"及其屯田》,《考古》1964年第3期。陈恩林《先秦军事制度研究》(吉林文史出版社1991年版)中认为成周八师、殷八师为两支军队,参见:徐中舒:《禹鼎的年代及其相关问题》,《考古学报》1959年第3期;蓝永蔚《春秋时期的步兵》,中华书局1979年版。

来有十四师（另说为二十二师），这样的规模在当时的确已经非常惊人。要知道，春秋时期齐桓公凭借"革车八百乘""士三万人"就已经能够南征北战，九合诸侯了。可以想见，正是这样的军事实力才能够保证周王畿的安全，保证周王朝能震慑天下诸侯和征服四方部族。而天下太平，才是西周中央政府能够正常运作的大前提。

《国语·鲁语下》记春秋时鲁大夫叔孙穆子追述西周军事旧制："天子作师，公帅之，以征不德。元侯作师，卿帅之，以承天子。诸侯有卿无军，帅教卫以赞元侯。"组建军队和统率军队这两项权力，都掌握在周王的手里。[①]西周后期，军制有所改变，但文献记载，周人还是对诸侯军队的规模做了严格规定："王六军，大国三军，次国二军，小国一军"（《周礼·夏官司马》），不能打破天子拥有最雄厚的兵力这一优势。

周王率领大军作战，除了调用自己的"西六师""成周八师"，还常常调用贵族的族兵和诸侯的军队，这从班簋铭文中可以得到印证。班簋，西周中期穆王的大臣毛班所作的青铜器，现藏首都博物馆。毛班的名字，又见于传世文献《穆天子传》。据说，穆王晚年，毛公班、共公利和逢公固率师伐犬戎，可见毛班是穆王时代的一位军事统帅。班簋铭文记录的也是一次征伐："王令毛公以邦冢君、徒驭、戜人伐东或（国）痟（猾）戎。

---

① 陈恩林：《先秦军事制度研究》，吉林文史出版社1991年版。

班簋（首都博物馆藏）及其铭文。为穆王时毛班所作，内底有铭文二十行，一百九十七字。铭文主要记载周成王命毛伯伐东国猾戎的史实。大意为：某年八月，周王命令毛伯继承虢城公的官位，辅佐王位，并监管繁、蜀、巢三个方国；又命令毛伯率领军队讨伐东国猾戎，吴伯为左师，吕伯为右师，三年平定了东国……毛伯将这些事迹告诉了子孙毛班，并告诫毛班要吸取蛮夷国灭亡的教训，要敬德爱民，不要有一丁点儿的违背。毛班因此制造这件簋记录了毛氏族先人的皇皇事迹，以此纪念先祖的荣耀。故后人称之为"班簋"。其制作时间距今已三千多年。有关周成王时代伐东夷国之事，史无记载，此簋铭文内容可补史籍的不足，具有极高的历史价值。

咸，王令吴白（伯）曰：以乃师左比毛父。王令吕白（伯）曰：以乃师右比毛父。遣令曰：以乃族从父征，延（诞）城（诚）卫父身。"铭文中周王多次命令"以乃族"为毛公的左右翼，从其征可见吴伯、吕伯、令三家贵族的族兵都听从周王调令，随毛公出征。而晋侯苏钟铭文记载，周王亲自命令晋侯带领晋国军队讨伐夙（宿）夷；师寰簋铭文中，周王则命令师寰率领齐、纪等国的军队一同攻伐淮夷。这样看来，周王不但自身拥有强大的兵力，而且可以直接指挥和调度王朝内几乎所有的军事力量。拥有这样的武力后盾，周王自然能够长时间维护广大的统治区域内的统治秩序。

西周时，作战以车战为主。每辆兵车上有一名甲士，一至两名驭手，车后跟随十名徒兵。徒兵是为战斗准备粮草和器械的劳役人员。青铜器禹鼎铭文上说"戎车百乘，斯驭二百，徒千"，正是如此。

西周军队装备的兵器在当时也是比较先进的。《左传·成公十三年》上说："国之大事，在祀与戎。"西周时期更是如此。极其珍贵的金属合金青铜，除了大量用于铸造礼器，另一大用途就是用来铸造各式兵器。

戈，是三代最常见的进攻性青铜兵器的一种，是一种装在木柄上的复合兵器。因其可以横击、勾杀，所以又名"勾兵"。商周金文中，戈字写作"戈"，正是"戈"的象形写法。戈的形制相当复杂，由戈头、秘（木柄）及附属部件组成；而戈头又由援（戈的长条形锋刃部分）、内（连接援的插入秘的部分）、胡（靠

禹鼎及其铭文。禹鼎为西周厉王时禹所作（1942年在陕西省岐山县任家村出土，现藏中国国家博物馆）。铭文二百零七个字，记述鄂侯（名驭方）率南淮夷、东夷反周，周王曾以其"西六师""殷八师"进攻鄂侯，未能取胜。禹以武公的兵车百乘和驭手二百人、徒兵一千人参与作战，终于俘获鄂侯。

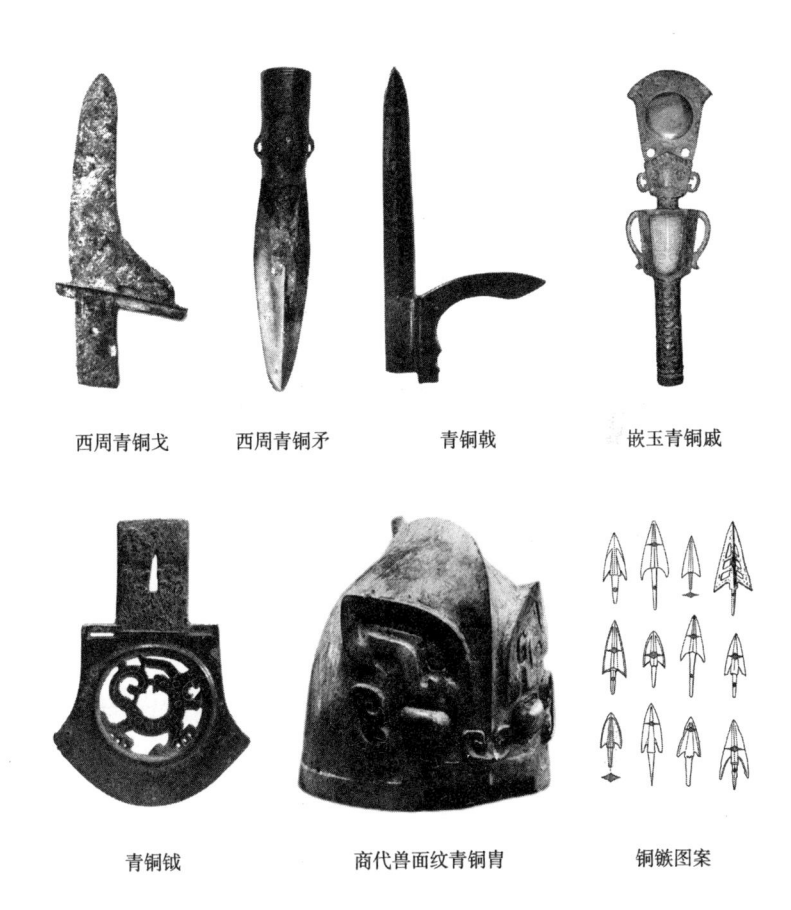

西周青铜戈　　西周青铜矛　　青铜戟　　嵌玉青铜戚

青铜钺　　商代兽面纹青铜胄　　铜镞图案

近柲下端的延长部分，其上有穿，可用皮索固定戈与柲）等部分构成。戈是三代兵器中历史最悠久、使用最普遍的一种。目前所知最早的青铜戈出现于二里头文化时期，最晚者发现于战国秦汉之际的出土文物中，前后时间跨度一千多年。商周时期的戈，有铜戈、玉戈等多种，有些戈的身上还镶嵌有绿松石等珍贵的宝石，并铸出精美纹饰，说明戈除了用作实战，还会用作仪仗兵器,以作为拥有兵权的象征。西周时候的戈加长了刃口,装柲的胡延长了,使用起来更加便利。

矛也是三代重要的青铜兵器之一,它的锋刃在前,用于冲刺,故又称"刺兵"。矛也由矛头和柲组成,长柲者为酋矛,短柲者为夷矛,柲上往往以羽毛为饰;矛头由锋(包括前锋和两翼)和骹(qiāo)两部分构成,锋有阔刃、狭刃之分,春秋以后,还有血槽出现。

戟,是这一时期出现的新兵器,将戈的砍伐与矛的刺杀功能结合起来,在古代被称为"枝兵"。这种戈与矛的组合体,既有合体联铸的,又有连体合装的,既可以刺杀,又可以勾杀,具有戈与矛的双重性能。

钺与戚,都是由古代战斧演化而来,所以又称"斧兵"或"劈兵"。戚的形体较小,在古代常被用作刑具,或者作为乐舞道具的一种,在"万舞"之时,舞者执朱干(盾牌)、玉戚以舞。

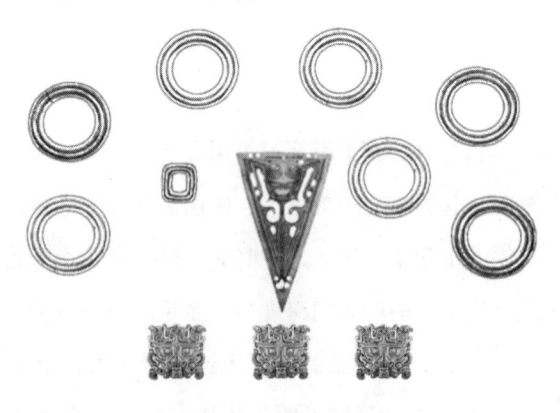

金带饰(三门峡虢国墓地)

钺的形体则比戚大，身宽而扁平。

商周的刀，多带有北方青铜器的基本风格，显然受到了北方青铜器的影响。剑，原是北方草原民族所用的兵器，后来被周人借鉴吸收。甘肃平凉市灵台县百草坡西周早期墓葬中，曾出土带有透雕龙纹鞘的剑，说明剑在西周时就已经开始流行。早期的剑，以短剑为主，主要出土于西北、关中和北方等地。

西周时期，铜镞不但已完全占据了决定性地位，并且出现了杀伤力强大的宽翼带棱铜镞，显示出青铜镞技术的进步。

在战争的防护用具方面，商周铜胄大多呈帽形，胄上常装饰着诸如虎头之类的兽面浮雕，还有些铜胄的顶部装有可以安插缨饰的圆管。这样的头盔，戴在头上，无形中增加了不少威严与气势。

商周考古中出土的青铜车构件种类繁多，数量也很可观，显示出当时对车战装备的高度重视。

兵车一般由两匹马拉着，马也是重要的军事资源。周夷王曾经命令虢公攻打大（太）原之戎，获马千匹。周王对养马非常重视，《周易·晋卦》上说"康侯用锡马蕃庶"，周穆王的驭者造父调养千里马（"八骏"），孝王命非子在汧渭之间主持马政。盠驹尊铭文显示，周王还会亲自参加"执驹"典礼。在西周官制中，还有与畜牧有关的职官，如"牧马""攸卫牧"，说明西周时期对于畜牧业的重视，当然也包括对于养马的重视。

西周军队已有定期训练的制度。《左传·隐公五年》追述"古之

造父像

制",说"春蒐、夏苗、秋狝、冬狩",指的正是农闲时讲习武事,教民作战的传统。《周礼·夏官司马》记司马之职,"中春,教振旅""中夏,教茇舍""中秋,教治兵""中冬,教大阅",还要通过征发劳役、举办田猎活动等形式,不断提高与保持军队的战斗力。

第六章 周王与贵族

贵族家族及其结构

周王"封邦建国",主动地分封王室懿亲和功臣为诸侯,而诸侯国也复制其统治模式,与臣属一同分享政治权力和经济利益。这种复制和分享,并非仅仅停留在诸侯一级,而是依凭着西周王室和贵族的宗法关系,"天子建国,诸侯立家,卿置侧室,大夫有贰宗,士有隶子弟"(《左传·桓公二年》),从诸侯、卿、大夫,延伸到贵族的最末一等士阶层。

什么是宗法?宗法就是宗族内的等级原则。清代段玉裁注《说文解字·宀部》"宗"时说:"宗,尊祖庙也。"也就是藏有祖先神主用以祭祀的庙堂。西周金文中"用享于宗""用享于宗庙""用朝夕享考(孝)宗室"等,就是这样的用法。宗族是指同宗之族,有共同祖先的一干子孙。而宗法,就是在同一宗族内部,根据与共同祖先血缘关系的远近,人为地将其分成一个大宗和四个小宗,大宗地位高于小宗,宗子(宗族长)地位高于宗族成员。进行这种划分的核心依据是嫡长子继承制。

《礼记·大传》这样表述这种人为划分宗族的方法:"别子为祖,继别为宗,继祢者为小宗。有百世不迁之宗,有五世则迁之宗。百世

《礼记·大传》有关将宗族划分成一个大宗和四个小宗的记载。

不迁者,别子之后也。宗其继别子之所自出者,百世不迁者也;宗其继高祖者,五世则迁者也。尊祖故敬宗。敬宗,尊祖之义也。"《礼记·丧服小记》也有类似的说法:"别子为祖,继别为宗,继祢者为小宗。有五世而迁之宗,其继高祖者也。是故祖迁于上,宗易于下。尊祖故敬宗,敬宗所以尊祖祢也。庶子不祭祖者,明其宗也。"

其中"别子为祖",是立宗的主干。所谓别子,清代程瑶田《宗法表》附注解释:"诸侯之公子,自卑别于尊,曰别子。"也就是说,别子是诸侯嫡长子以外的儿子。根据《仪礼·丧服》上的说法,只有诸侯的嫡长子能够继承诸侯君位,其他儿子由于不是君位继承人,他们的子孙也就不能直接承继诸侯之位,因此需要自行另立新宗,以示与尊者的区别("诸侯之子称公子,公子不得祢先君。公子之子称公孙,公孙不得祖诸侯。此自卑别于尊者也")。

一旦诸侯的非嫡长子另立新宗,就是"别子为祖"。宋代学者邢昺曰:"宗者,本也。庙号不迁,最尊者曰祖,次曰宗,通称曰宗庙。"诸侯传位给嫡长子,别子分出来,另外建立一个宗族系统,就成为这一新系统的开创者,也就是这一新宗当中最尊

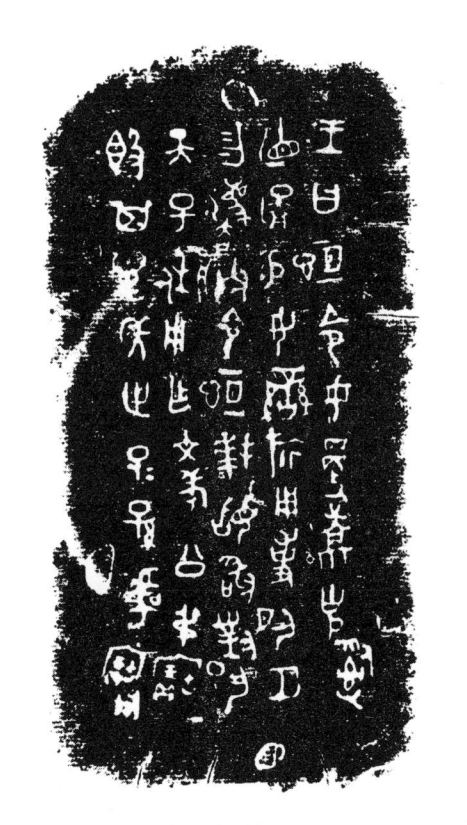

恒簋盖及其铭文

贵的人，他的神主会在宗庙中永久供奉，永远不迁走。而别子的嫡长子会继承别子，成为仅次于祖的宗，这就是"继别为宗"。

1974年，陕西宝鸡市扶风县黄堆乡强家村以西三百米强家沟的西崖上，发现了西周时期的青铜器窖藏，共出土青铜器七件，其中有铭者五件，作器者分别是师𬎼、师望、即、师丞（臾）和恒。从铭文得知，师𬎼是为"朕考"（"考"，就是指去世的父亲）虢季易父作器，师望为"皇考"宄公作器，即为"文考"幽叔作器，师丞为"皇考"德叔作器，恒为"文考"公叔作器。而师丞钟铭文记载了虢季易父、宄公（师𬎼）、幽叔（师望）、德叔等虢季家族的世系。通过这组青铜器，我们可以看到虢季家族代代传承和分化的大致情况。①

1976年，陕西省宝鸡市扶风县出土了史墙盘。其上有二百八十四字的铭文，以四言韵文为主，语言精练，辞藻华美，书体工整，堪称佳作。内容大体可以分成两部分。前一部分颂扬西周文、武、成、康、昭、穆、共（恭）七代周王的功绩，后一部分记叙微氏家族高祖、烈祖、乙祖、亚祖、文考和制作本盘者自身六代的事迹，从中能够看出微氏家族传承的概貌，也可看到西周历史的简貌。

正如《左传·桓公二年》所说的那样："天子建国，诸侯立家，卿置侧室，大夫有贰宗，士有隶子弟。"西周的封建，实

---

① 学界对虢季家族器的世系关系还存在不同的解读，详参李学勤：《西周中期青铜器的重要标尺——周原庄白、强家两处青铜器窖藏的综合研究》，原载《中国历史博物馆刊》1979年第1期；韩巍：《周原强家西周铜器群世系问题辨析》，《中国历史文物》2007年第3期；周言：《也谈强家村西周青铜器群世系问题》，《考古与文物》2005年第4期。

质上伴随着周人血缘集团的不断分裂和扩张。在这一过程中,天子予诸侯封国,周王和诸侯给卿大夫采邑,卿大夫在采邑安置自己的同族……每个贵族家族都有共同的姓氏,共同的祖先和共同的宗庙、墓地,甚至共同的土地和居邑,客观上有利于贵族间化解矛盾和加强团结,巩固和维护周朝的社会统治。

三门峡虢国墓地

那么在宗族内部,又如何区分出大宗和小宗来呢?

"继别为宗,继祢者为小宗"。即在别子开创的新宗中,继承别子的为大宗,继承祢①的为小宗。谁来继承别子,谁又来继承祢?这就有赖于嫡长子继承制度了:别子之后的嫡长子世代继承别子的大宗,而别子嫡长子外的其他庶子,则各自被自己的嫡长子所继承,分别建立小宗。大宗和小宗有不同的迁神主之法。如邢昺所言:"庙号不迁,最尊者为祖,次曰宗。"(《礼记·大传》)又说有"百世不迁之宗","五世则迁之宗"。其中百世不迁的,是别子继承人即大宗的庙号;五世则迁的,是别子嫡长子外

---

① 古代对已在宗庙中立牌位的亡父的称谓。何休云:"父死称考,入庙称祢。"

继承各庶子小宗的庙号。所以根据宗法，一个宗族成员同一时间最多可存在一个大宗和四个小宗，分别是继祢宗、继祖宗、继曾祖宗、继高祖宗；也就是说，对于一位非嫡长子身份的宗族庶子而言，除了奉大宗之外，他还可能同时奉他的继祢的兄弟、继祖的从兄弟、继曾祖的再从兄弟和继高祖的三从兄弟为小宗。

西周金文中也有"大宗""皇宗"的表述——"用享大宗""其用夙夜享于厥大宗""乍（作）为（皇）祖大宗簋""用尊事于皇宗"，还有"宗子"，即宗族长的称谓，如"余其用各我宗子雩（与）百生（姓）""宗子攻（工）正明我、左工师口许、马重（童）所为"；又称之为"宗君"，如"王周生（甥）奉扬朕宗君其休"。宗族成员则自称"宗小子"，如"拜稽首曰：王弗望（忘）氒（厥）旧宗小子""王诰宗小子于京室"。

划分大宗和小宗的目的，在于实现宗族内部的血缘约束关系。因为这支宗族是从别子开始繁衍的，别子的继承人自然会获得最高的尊崇地位，所以，大宗处于尊位，小宗处于卑位；同时，各级宗子处于尊位，一般宗族成员则处于卑位。在考古发掘中，有时能发现聚族而葬的墓地，比如河南三门峡上村岭虢国墓地，国君、太子、大夫、士、平民，虽然身份等级不同，但都排列有序地埋葬在一块墓地当中，同时墓葬所在位置、规模大小、使用棺椁的层数、随葬品数量、附葬车马坑等方面，又存在明显的差异。这种差异，很可能就是依照其生前在宗族中的不同地位而产生的。

与尊卑位分相一致，在各级宗族内部，宗族成员对宗族、对宗子，有服从的义务。而大宗和宗子要相应地维护宗族成员利益，承担起组织、管理、团结、照顾甚至支配族人的责任。为了宗族利益,宗子甚至可以决定宗族成员的生死存亡。从这一点可以看出,宗法制实质是一种血缘集团内部管理和支配的制度。谢维扬称之为"私法",意思就是区别于国家公法制度之外的私行的法律。①

西周五年琱生簋(现藏美国耶鲁大学博物馆),器内铸有一百零四字铭文,记述琱生在一次关于田地的狱讼中,得到本宗族宗主的庇护,达到了多占田地的目的。

大宗对于小宗的庇护,金文中有很好的例证。2006年11月,陕西宝鸡市扶风县五郡西村出土了两件铭文相同的琱生尊。这两件尊与以前出土的五年琱生簋、六年琱生簋为同一人所作,铭文所记为同一事件。琱生尊铭文极有意思,不妨将其中六年琱生簋铭文引录如下(根据四器铭文补足):

"唯六年(四)月甲子,王才(在),白(召伯)虎告曰:余告庆。曰:公氒(厥)廪贝,用狱扰,为伯又(有祇有)成,亦我考幽伯、幽姜令。余告庆,余(以邑讯)有(司),余典,匆(敢)封。今余既(讯)有司,曰令(命)。今余既一名典,献。

---

① 谢维扬:《周代家庭形态》,黑龙江人民出版社2005年版。

西周六年琱生簋（现藏于中国国家博物馆）及其铭文拓片。该簋内壁铸有一百零五个字的铭文。琱生簋铭文中的时间、人物、线索脉络交代得非常清楚，完整地记述了当时（西周宣王五年至六年）召氏族大宗庇护小宗、赢得土地官司的事件。

伯氏（则）报璧，琱（周）生（奉扬朕）宗君其休，用乍且（作朕烈祖召）公尝（簋），其万年子子孙孙宝用，享于宗。"

大意是说：六年四月甲子这天，身为周王重臣的贵族召伯虎突然亲自驾临琱生家中，对琱生说，告诉你个好消息，关于你拜托我的那场官司的事，我已经替你摆平了，你大可放心好了。琱生听了召伯虎的话，如释重负，顿时眉头舒展，立即命家人摆酒设宴，款待召伯虎。宴会上，琱生将家藏的一件价值连城的玉璧赠予召伯虎以示感激。

据朱凤瀚研究，新出器物与传世的五年琱生簋、六年琱生簋的铭文一起，正好讲述了"召氏族宗族成员协力对抗其他贵族，保护自己族产，而与其他贵族间进行狱讼"之事。整个事件的过程是这样的：五年正月己丑日，因为琱生（器主）有土田方面的讼事，于是向自己的大宗宗君请求协助。妇氏（即召姜）代表宗君传达他的命令：当本宗族的附庸和土田遇到诉讼之事时，继承人召伯虎应该协同处理纠纷。而且提出，诉讼的费用有两种方案：一是宗族公家承担五分之三，琱生承担五分之二；二是公家承担三分之二，琱生承担三分之一。受其父母的指令，召伯虎开始协调处理此事。九月初吉时，召姜又传达召氏的命令，务必保住宗族的附庸和土田，并且再次强调诉讼的费用，作为兄长的召伯虎应该代表公家承担其中三份，而弟弟琱生承担其中两份（即确定了正月里提出的第一种方案）。第二年（六年）四月甲子，召伯虎终于带来了好消息：经过他的努力，诉讼获得成功，琱生的田邑登录造册，得以保全。①

在这个事件中，召氏族通力合作，目的在于保护宗族的财产。虽然只是宗族成员之一琱生发生了田产纠纷，但作为大宗宗君，召氏有责任予以保护。所以琱生向召氏请求帮助时，召氏也由其妻召姜代表他明确下达勿使宗族附庸土田散失的命令，大宗的继承人召伯虎则在朝廷上与其他官员、贵族全力斡旋，最终达成调解。

琱生尊及簋铭文中出现的召伯虎，就是宣王时赫赫有名的召穆公。《左传·僖公二十四年》记载，召穆公曾经有感于西周中期以来宗法关系的逐渐淡薄，召集宗族到成周，作诗告诫："兄弟阋于墙，外御其侮"——即使兄弟们在家里争吵，但仍然要一致对外，抵御敌人的欺侮。如此重视兄弟之情、宗族之义，琱生簋

---

① 朱凤瀚：《琱生簋与琱生尊的综合考释》，载朱凤瀚主编《新出金文与西周历史》，上海古籍出版社2011年版。

铭文记载他尽力为宗族事务奔走,就不难理解了。六年琱生簋铭文中两次记召伯虎向琱生说"余告庆"!他终于保全了整个召氏宗族利益的兴奋之情跃然纸上。

可见,在西周,贵族凭借血缘关系对同宗族内部的族人区分出嫡庶、长幼、亲疏各个不同等级,确立各级继承关系,它不仅是一种认亲的关系,更是一种管理制度,伴随着大宗与小宗、宗子与宗族成员之间的权利和义务关系。这种制度不仅适用于同姓贵族,还通过与异姓贵族的联姻活动,将等级间的权利、义务关系扩展到姻亲领域。

《左传·僖公二十四年》有关"兄弟阋于墙,外御其侮"的记载。

君臣关系的建立

周王如何管理贵族?一方面,周王通过利用同姓及血缘亲属关系来团结和笼络各级贵族;另一方面,天子、诸侯与各级贵族之间,通过册命职事的途径,又建立起了"委质称臣"的君臣关系，借此实现周王对各级贵族的政治统治。

周初成王和周公花大力气平定殷遗民的叛乱，然后分封宗亲为诸侯，当时就面临一个绕不过去的大问题：如果说可以完全依靠亲戚以藩屏周室，那么之前参与叛乱的管叔和蔡叔不正是周王室成员吗？武王的亲弟弟都依靠不住，又如何依靠其他亲戚？正因如此，就有学者对《左传·僖公二十四年》中那句"昔周公吊二叔之不咸，故封建亲戚，以蕃屏周"表示不解。

事实上，周公、成王的分封与之前武王的"三监"之封最大的差别，就是确定了天子与诸侯之间的君臣名分，将诸侯原来王室宗亲的身份转而规定为周天子王臣的身份。周王在分封诸侯的时候，除了赏赐、给予名分，更重要的是给他们加上了与其权利相适应的职事和服从义务，与诸侯建立起政治上的君臣关系。王国维提出，自周公、成王东征结束，开始封功臣、亲戚为诸侯，从此"天子之尊，非复诸侯之长而为诸侯之君"。他以丧服制度为例：天子驾崩，诸侯要为之"斩衰"三年——这是古时候丧礼上五种丧服中最重的一种。这种丧服用粗麻布制成，左右和下边不缝边，显得极为粗糙，以显示服丧者的哀痛心情。在先秦，"斩衰"是子为父、妻为夫、臣为君所设的丧服制。王国维因此推测说："天子诸侯君臣之分始定于此。"[①]而"诸侯立家"的时候也是一样。诸侯分立的卿大夫与诸侯之间，同样也是首先强调君

---

① 《殷周制度论》，王国维：《观堂集林·史林二》，中华书局2004年版。

与臣的政治关系,臣对君必须无条件服从。在王国维看来,君臣关系的确定,正是西周王朝大地域统治能够获得成功的基础。

西周时期,周王对王臣拥有很大的权力,包括以下数种:

指挥权。要求臣下去承担各种任务。比如金文中记录的许多事件都是周王下令而由臣下去执行的。这些任务涵盖了军事征伐、出使、征收贡赋等各方面的内容。

人事任命和调动权。除了诸侯、王官、诸侯国命卿及王官僚属在内的"王臣"由周王亲自任命产生,诸侯入仕中朝,也是周王亲自指定的。比如周初以召公为太保、康叔为司寇;厉王时,共伯入为三公,用荣夷公为卿士等,都是如此。西周册命金文中有一类"改命"的命辞,王官已有职事,经过周王"改命"而另任他职,这更是周王有权对王官进行调动、升迁及职务变更的证明。

监督考核之权。周王可以通过派遣官员对臣下进行监督,有时也会亲自对臣下进行考核。尤其是诸侯在进行朝、觐、宗、遇等大礼时,周王也会在此时考察他们的政绩。

废立及生杀的大权。立,既是指诸侯或王官第一次受命为王臣,也指诸侯及王官的后嗣如继续担任诸侯或王官,周王再次进行的任命。这一类任命文书大都以"庚乃祖考(继承你父祖)"为语言上的标志。周王通过再一次的任命,既表示对诸侯及王官继承人所继承的身份、地位和职务予以承认,也是对与其父祖原先结成的君臣关系在继承人身上再次予以确认。只有经过周王册命的诸侯或王官的继承人,其身份和地位才是合法的。所以我们能在历史资料上看到,周王扶助或确认某些诸侯的非嫡长子继承君位，还能看到那些诸侯的庶子即便实际僭夺了君位，还是要去寻求周王的承认才站得住脚。比如，周夷王烹杀齐国国君齐哀公，改立哀公之弟胡公为国君；周宣王干涉鲁国内政，立鲁武公少子公子戏为君等。甚至于"三家分晋""田氏代齐"，原来诸侯国内的卿族已夺取了国政，魏斯、赵籍、韩虔乃至田和，都还是要到周威烈王和周安王那里讨一个认可，才算坐稳了诸侯的位置。

对封地和民众的予夺权。一方面，周王有权分封诸侯及给予王官相应的采田。除了我们熟知的分封诸侯之外，金文中还有"锡（赐）采"的例子。另一方面，周王也可以将其封地转赐他人，甚至可以剥夺封地或灭其国。青铜器大簋铭文记载，周王把趞曧的"里"转赐给一位名叫"大"的贵族，趞曧从膳夫㴲那里接受了王命，还不得不说："余弗敢吝。"可见，周天子的夺封、改封，得到了很好的执行。

不仅如此，周王还利用名爵制度管理和控制各级贵族。《孟子·万章下》说，周的贵族有五"等"，即天子、公、侯、伯、子

《孟子·万章下》有关周代贵族有五"等"、六"位"的记载。

男;有六"位",即君、卿、大夫、上士、中士和下士。《礼记·王制》说:"王者之制禄爵,公、侯、伯、子、男,凡五等。"与《孟子》划分有别。今多以《礼记》所言为是。这里说的就是西周贵族的官爵制度。《左传·昭公十三年》记载:"昔天子班贡,轻重以列,列尊贡重,周之制也。"地位尊贵的贵族、诸侯同时承担更重的贡纳义务,名实相符。春秋时期的孔子曾经说:"唯名与器,不可以假人。"名爵正是君主手中获得臣子忠心的重要手段。

对于西周贵族的五等爵称——公、侯、伯、子、男,有学者研究称,这五个名称来源不一,原来指称的对象差异也很大,整齐成为一个序列,估计是西周中晚期甚至春秋时期的事情。[①] 其中天子三公称"公",王者之后称"公",是最高的爵称,主要授予辅佐天子的执政大臣,比如周初太保召公、太师周公、太史毕公,都被尊称为"公"。也有学者认为,称"公"的都是周王的兄弟,他们的权威来自他们在周王族中所处的地位。[②] 伯,原义"长也"。公、伯两级官爵,都见于西周金文。例如班簋铭文记录了周王对毛班的任命:先是命令他继任原先虢城公的职事,

---

[①] 学界对西周五等爵还有不少争论,如傅斯年、郭沫若、杨树达等认为西周尚未出现五等爵,而王世民、陈恩林等认为西周时期已经存在。参见傅斯年:《论所谓五等爵》,《历史语言研究所集刊》第二本,中华书局1987年影印本;郭沫若:《金文所无考·五等爵禄》,《金文丛考》,人民出版社1954年版;杨树达:《古爵名无定称说》,《积微居小学述林》卷六,中华书局1983年版;王世民:《西周春秋金文中的诸侯爵称》,《历史研究》1983年第3期;陈恩林:《先秦两汉文献中所见周代诸侯五等爵》,《历史研究》1994年第6期。

[②] 李峰著,吴敏娜译:《西周的政体——中国早期的官僚制度和国家》,生活·读书·新知三联书店2010年版。

辅佐周王("更虢城公服,屏王位"),接着任命他率领军队前去征讨一个东方的部族。这两道命令都是下达给毛班一人的,称谓却从"毛伯"改称"毛公",说明"公"的爵称的确要高过"伯"。公、伯这两种称号,在金文和文献中也常常作为贵族或诸侯的尊称。例如文献中也有"召公"和"召伯"的不同称谓,其中《诗经》出现的召公指周初召公奭,召伯则指宣王时期的召伯虎。而青铜器害鼎、伯害盉都出现了"召伯父辛"的称谓,指的是燕侯旨、伯害及龢三人的父亲,很可能也是一代燕侯。至于侯和男,它们的名称与诸侯承担的义务有关,"侯"原义为斥候,为王守卫护边,"男"则任事,提供力役。成康之际,畿内诸侯进而为卿的,称为"伯",与由四方诸侯进而为王室正卿的"侯"相别。[1]前者如芮伯、彤伯、荣伯之属,后者如卫侯。子,本是从王、公家族中分化出来的后代子孙,后来也演变成为一级爵位的名称。

"世官"与王权

在西周天子、诸侯与各级贵族建构起政治上的君臣关系的同时,贵族间宗法的血缘约束关系仍是非常重要的控制手段。通过

---

[1] 杨宽:《西周王朝公卿的官爵制度》,《先秦史十讲》,复旦大学出版社2006年版。

同宗同族的血缘联系，大、小宗之间的支配与服从，各级贵族得以团结。正因为如此，周公在分封康叔为卫侯的文告当中，不但警告贵族们不要不率常法，而且不能"不孝不友"（《康诰》）。所谓常法，应该是针对维护君主政治权威而言；孝友，则显然是对于家族内部秩序提出的要求。

西周统治并没有打破原有的血缘集团，相反，周王的王权统治非常依赖贵族家族的支持。除了诸侯的世袭外，还有许多贵族家族世代担任王朝官员，这就是西周时期的"世官"现象。比如文献中出现的召公和召伯虎；又有毛氏，武王伐纣时有毛叔奉明水，成王驾崩时有毛公守在身旁，穆王时毛班"作四方极"（见班簋铭文），宣王时毛公厝权倾一朝（见毛公鼎铭文）。此外还有毛伯、毛叔，都曾在王朝任职。再如1974年，陕西宝鸡市扶风县出土的虢季氏家族器铭文表明，该家族的诸多人物分别在共王、懿王、孝王时期世代担任"师"的职务。1976年，陕西宝鸡市扶风县庄白1号窖藏出土了微氏家族器，其铭文记载了从商末到周穆王时代，该家族先后七代人担任过王朝的史官。这些例子，可以让我们一窥西周时期贵族家族世代参与王政的基本情况。

在西周时期，贵族身份是这些家族能够世代参与王政的基本条件。因为贵族家族是西周王朝统治的基础，周王必须广泛依靠贵族家族的参与来行政。比如册命官员的文书中常有"以你的父祖为榜样"（"型乃祖考"）或是"继承你父祖的职事"（"更乃祖考事"）等这样强调家族血缘关系的表达。甚至周王经常举行册命的太庙、康宫等，也暗示着当朝君臣关系的建立其实是先王与贵族先祖君臣关系的延续。朱凤瀚归纳了西周各时期"在王朝政治中处于显要地位的诸世族"，早期（武、成、康、昭）有周、召、毕氏，中期（穆、共、懿、孝）有毛、井、虢叔氏，晚期（夷、厉、共和、宣、幽）则为毛、虢、荣、南宫、召氏，等等。①在西周的各个时期，这些家族中都有成员成为当时的执政大臣。

西周时期军事或民事行政方面的官员，都是由贵族担当的。为了达到主政或协理政事的要求，西周非常重视贵族教育。根据文献记载，当时贵族学习有"小学"和"大学"两个级别：八岁入小学，"学小艺焉，履小节焉"，学习洒扫应对进退之事；十五岁入大学，学习礼、乐、射、御、书、数，"学大艺者，履大节焉"。②《礼记·内则》虽然没有提到小学、大学，但非常详细地叙述了完整的贵族教育的全过程："六年，教之数与方名。……九年，教之数日。十年，出就外傅，居宿于外，学书记。……朝夕学幼仪，请肄简谅。十有三年，学乐，诵诗，舞勺。成童舞象，学射御。二十而冠，始学礼……博学不教，内而不出。"其教育所习大体就是"礼、乐、射、御、书、数"这些属于"六艺"的内容。

---

① 朱凤瀚：《商周家族形态研究》（增订本），天津古籍出版社2004年版。
② 《白虎通义》认为八岁、十五岁是太子之礼，《尚书大传》认为卿大夫的嫡子入小学、大学，年龄分别在十三岁和二十岁。

《礼记·内则》有关叙述周代贵族教育"六年""九年""十年"等全过程的记载。

西周金文中的确出现了"小学"一词，但还未发现"大学"这一称谓。不过，青铜器静簋的铭文上说："王令静司射学宫……射于大池。"这个有"大池"的学宫，很可能就是天子辟雍，也就是大学所在，建筑在有水环绕的高丘之上。《礼记·王制》认为周代的小学设在诸侯公宫南面的左边，大学设在近郊。而《周礼·地官司徒》记载当时地方上各行政单位如乡、党、州都有学校，叫作庠或序。这些地方乡学可能相当于小学，也有认为是乡中大学的。① 教师是由官员兼任的，师氏既是军事长官，又是"以三德教国子"的教员，教"三行"；保氏"掌谏王恶"，同时教"六艺"。

文献中记载，西周贵族入学的日期在仲春二月第一个丁日

---

① 齐文心、王贵民《商西周文化志》引段玉裁、金鹗说，上海人民出版社1998年版。

静簋（现藏于美国纽约大都会博物馆）及其盖铭文

虎簋（现藏于上海博物馆）及其铭文拓片

师虎簋及其铭文拓片

（上丁）。这一天，学生要行"释菜""释奠"的尊师礼，一是向先师敬奉鲜洁菜蔬，一是向先师敬酒。这时天子会率领群臣前来观礼，表示对教育的重视。贵族学习也要经过严格考核，《礼记·学记》说"中年考校"，就是隔年考试，第一次考试是考查分析句读、标明章节的能力，第二次考查"敬业乐群"，第三次考查"博习亲师"，第四次考查"论学取友"，最后一次考查"知类通达，强立而不反"，如果学生能够达标，就是"大成"水平。

经历这样的贵族养成训练，又基于家族中父祖曾任职王官的事实，青年贵族获得了跻身王朝官员之列的基本资格。由于西周王朝的建立采取的是利益层级分配的方案，即所谓"天子建国，诸侯立家，卿置侧室，大夫有贰宗"（《左传·桓公二年》），所以周王在天下"封建亲戚""并建母弟"，在王朝政治上广泛任用贵族家族为官，必然依靠宗亲血缘关系。不仅如此，周王有时还册命贵族家族中的小宗为大宗宗子的僚属。弭叔师㝨簋铭文记弭叔受命"用楚（疋，辅佐）弭白（伯）"，其中的弭伯当是其族兄。弭伯与弭叔，既是官职上的上下级关系，又是家族中的兄弟关系，体现出周王对维护贵族家族宗法体系的重视。

青年贵族的仕途，可能是从低级官吏或是长官的助手做起的。比如逨先是被周王任命为荣兑的助手，后来又获得更高的任命，由他独立管理历人（见逨盘、四十三年逨鼎铭文）。穆王时期的师虎，也有一番由僚属至主官的升迁过程：先是被任命为师戏的助手，协助掌管都城及五邑的走马、驭人，多年之后再被任命为管理"左右戏繁荆"的正职，独当一面（见虎簋、师虎簋铭文)。有趣的是，虎簋或是师虎簋的铭文都称虎的任职是"更乃祖考"，也就是说，虎的父祖同样走过了这样一番晋升之路。与之相似的是乐师嫠，在前代周王那里被任命为"司辅"，后一代周王则晋升他"辅及钟鼓"，这两个官职也都是其父祖曾经担任过的（见辅师嫠簋、师嫠簋铭文："更乃祖考""嗣乃祖考"）。

贵族参与王政，一定会这样亦步亦趋地跟随自己父祖的成长路线吗？金文显示，即使是真的承继了父祖的官职，也存在升擢和罢用的种种可能。比如西周金文中有师克和师訇（hōng）两位人物，他们都曾经继承自己父祖的官职（"嫡官"），而后他们分别一步步高升，师克成为"膳夫克"，师訇协助周王管理"我邦小大猷（酋）"，都是权倾一时的人物。这一地位，应该是他们的父祖当年都未曾达到的。而西周中期司马井（邢）伯曾经是周王重臣之一，但到了西周晚期，井（邢）氏的田地和百姓却被周王赐给其他贵族（见大克鼎铭文），井（邢）氏后人则沦为贵族武公的家臣（见禹鼎铭文）。

而且根据李峰研究，册命金文中大量的仍是新册命的例子，以"继承你的父祖"（"更乃祖考"）作为册命依据的只占其中38.1%。虽然新册命的贵族祖上一定也有在政府任职过的，但"周王在作新的任命时并未考虑他们的家族史尤其是'最近'在政府中服务的情况"。[①]

[①] 李峰著，吴敏娜译：《西周的政体——中国早期的官僚制度和国家》，生活·读书·新知三联书店2010年版。

不过，西周官职中有一类的确还存在世袭的情况。这些官职主要是指史、卜、祝、乐师等需要精通特殊技能和专门知识的职官。这些官职需要的专门之学，无法仅仅通过平常的贵族教育来习得，往往只在某些家族内代代传承。例如，史官可能是西周王朝中知识最为渊博的官员——要通晓各种典章制度："掌建邦之六典"（《周礼·春官宗伯》），"掌邦国都鄙及万民之治令"（《周礼·春官宗伯》）；要了解每个贵族的家谱："掌邦国之志，奠系世，辨昭穆"（《周礼·春官宗伯》）；要懂得各种礼仪，起草各种文书，还要会看天象、辨凶吉，"掌十有二岁，十有二月，十有二辰，十日，二十有八星之位"（《周礼·春官宗伯》），"掌天星，以志星辰日月之变动，以观天下之迁，辨其吉凶"（《周礼·春官宗伯》）。上述微氏家族，祖先早在前朝商代就已经担任史官官职，武王克商时投奔周人，周公将其安排在周原故地，"以五十颂处"。颂即容，指礼容、威仪，五十颂就是五十种威仪。① 这与《礼记·中庸》中所说的"礼仪三百，威仪三千"的数目显然有很大差距。但微氏只凭恃这区区"五十颂"，就担当了周人的史官，他的子孙并以此长久地以"掌威仪"为官。与史官相似，卜、祝、乐师所需要掌握的占卜、祝祷、乐器演奏，也都属于特殊的技能和专门的知识。所以这些官职才可能由某些家族世代担任。

---

① 裘锡圭：《史墙盘铭解释》，《文物》1978年第3期。

由此看来，贵族的晋升或罢黜，与自身的才干有很大关系。王国维《殷周制度论》总结说："周人以尊尊、亲亲二义，上治祖祢，下治子孙，旁治昆弟，而以贤贤之义治官。""贤贤"，就是周王任用官员的基本原则。周王任用和升迁那些有才干、有贡献的官员，册命辞中会出现肯定受命者自身素质和功绩的褒词，诸如"你在先王的小学表现得非常聪慧，汝子可教"（师嫠簋："在昔先王小学，女（汝）敏可事（使）"）、"之前你和你的父亲体恤国家，拥立本王"（师訇簋："乡（向）女（汝）彶屯（纯）恤周邦，妥（绥）立余小子"）之类的表达。还有获得"蔑历"，这是一种由君主对臣属、上级对下级的认可及赞赏，包括对下级或臣属功绩的认定。这也可能是贵族获得晋升的重要标准。[①]早在周初，周公劝谏成王，就有"继自今立政，其勿以憸（xiān）人，其惟吉士，用劢（mài）相我国家"（《尚书·立政》）之语，这说明周初统治者已经认识到要"任人唯贤"。

很显然，西周时期王官选任客观上存在双重标准：血缘依据和任贤原则。如何平衡这两者之间的关系？无论贵族以哪一种情况任职王官，都需要周王的册命，包括对贵族家族的第一次任命（初命）、子孙承继祖先所受官职（续命），以及改变原有的任命（改命）、重申已有的成命（再命），等等。册命这一方式，既是建立君臣关系的必要仪式，也使周王把王官的继承、职司的

---

① 李峰著，吴敏娜译：《西周的政体——中国早期的官僚制度和国家》，生活·读书·新知三联书店2010年版。

变化、官位的升迁罢黜等权力都掌握在自己手中。理论上，这种做法既能够控制职司在贵族家族内的继承，也能避免任一贵族家族对朝政的长期把持。为了达到宗族内部权威与王官职位之间的某种平衡，即使是依血缘依据任用贵族家族的成员，周王也可能重用普通宗族成员，即庶子，或者是小宗之长。比如，善鼎记录

《尚书·康诰》有关周公宣布"不率大戛"者"汝乃其速由兹义率杀"的记载。

周王重申先王任命，命令善继续辅佐夷侯。从金文文末说"余其用各我宗子雩（与）百生（姓）"来猜测，善应该是其家族中的庶子或是小宗长，另尊大宗或是宗君为"宗子"。但是册命文书中，周王宣布完任命之后，又说"赐女（汝）乃祖旗，用事"，特地将善家族祖先的旗帜赐予这位庶子或是小宗长，不能不说显示了周王的某种特别用心。

周王通过册命仪式、考核黜陟、法令刑罚等一系列措施所希望努力建设的，是超越一般血缘关系之上的政治君臣关系。

周初，明明管蔡之乱是兄弟内乱，周公仍然"吊二叔之不咸，故封建亲戚，以蕃屏周"（《左传·僖公二十四年》）。为了预防血缘关系对政治统治的妨碍，周公宣布"不率大戛"（不循用常法）者"汝乃其速由兹义率杀"（《尚书·康诰》），就是针对"庶子""训人""正人""小臣诸节"等与执政者有血缘及亲属关系者、师长、为政之人以及小臣受符节者①，要求血缘关系服从政治关系。

不过，双重原则之间的平衡也并非易事。在加强家族内部宗法关系和强调任职贵族效忠周王之间，始终存在紧张关系。从法理上说，王权自然高于宗族权力，然而贵族家族是西周统治的基础，维护这些家族稳定也是保证王朝稳定的要求。于是，周王册命家族成员为宗子僚属，使子孙亦步亦趋跟随父祖的升擢步伐，也就不是奇怪的举动。看来，选官双重原则的背后，实际上是西周时期周王维护天子权威与"导利于上下"之间存在的巨大张力的作用。后者是贵族家族能够世代参政的前提和基础，前者甚至可能造成某些贵族家族因与周王的矛盾而失势、失官。

正由于西周王朝在维护天子权威与"导利于上下"之间、宗法血缘关系与政治关系建设之间始终存在紧张关系，因此周王权在处置与贵族家族关系时就比较复杂。体现在王官继承上的后果就是：周王实际不可能只倚重个别几个贵族家族来进行统治，西

---

① ［清］孙星衍:《尚书今古文注疏》卷十四，中华书局1986年版。

周一朝并未真正出现如春秋各国那样普遍的"世卿"现象，甚至除了史祝类职官外，没有贵族家族可以自始至终一直承继祖先所任具体职司。可以这样说，西周的"世官"，在法理上只是指贵族家族能够世代参与王政的原则，事实上只能说明贵族家族中有多（代）人曾担任王官之职。

从另一角度看，这也说明西周的世族和"世官"并不具有一致性。王官的继承是"世位"，最后的决定权掌握在周王手中；而除非犯灭族的大罪，贵族家族的地位是可以延续的，并不完全倚仗王官的继承和庇护。叔向父禹失去王官成为武公家臣，但仍可以"政于井邦"，说明井氏仍存，并还保有部分土地和民众。孔广森在注疏《孟子·告子下》"士无世官"时说："古者有世禄，无世位。"这正是西周王官继承的实际情况。

另外，为了防止血缘关系对政治关系的冲击，周代也逐渐发展出君统与宗统分离的观念——所谓君统就是君主统绪的继承，宗统是宗族的继承。《礼记·大传》有"宗道"的说法："公子有宗道。公子之公，为其士大夫之庶者，宗其士大夫之適（嫡）者，公子之宗道也。"郑玄解释说："公子不得宗君。君命適（嫡）昆弟为之宗，使之宗之，是公子之宗道也。"这就是说，公子的宗道就是另立新宗，与诸侯（君）的承继系统划清界限。《礼记·郊特牲》中更明确地表达为："诸侯不敢祖天子，大夫不敢祖诸侯。"王国维在他著名的论文《殷周制度论》里也提出宗法就是"君统""宗统"分离："周人嫡庶之制本为天子诸侯继统法而设，复以此制通之大夫以下，则不为君统而为宗统，于是宗法生焉。"这种说法，也有很多学者不赞同,他们认为这种观念是汉代人后来提出的,西周时期天子就是天下大宗,诸侯为小宗;而在诸侯那里,诸侯为大宗,大夫为小宗;大夫家中大夫为大宗,士为小宗。①虽然学界对于君统、宗统何时区分的意见不同,但有一个事实应该正视:在天子和诸侯的家族中,周王的家族只包括王子和王孙两代;当周王的宗亲分封出去为诸侯,其就以"国"为氏,诸侯的家族也往往只有公子、公孙两代(谢维扬称之为"国氏集团")——"诸侯之子称公子……公子之子称公孙"(《仪礼·丧服》),其余的旁系都要另立新宗,再不能以血缘关系参与到君位的继承中去。这种"国氏集团"明显小于一般贵族宗族集团的现象表明,周代的确逐渐发展出了削弱周王或诸侯与其未继位的后裔之间关系的做法。这样做是有意在自然的血缘关系上进行一定的隔断,应该是从维护天子、诸侯政治权威的目的出发的。

母癸甗(西周早期,上海博物馆藏)

---

① 童书业著,童教英校订:《春秋左传研究(校订本)》,中华书局2006年版;赵光贤:《周代社会辨析》,人民出版社1980年版;晁福林:《夏商西周的社会变迁》,北京师范大学出版社1996年版。

第七章

诸侯与『四方』

"畿内"诸侯

分封到各地的新诸侯在自己的封国继续分封卿大夫建立采邑，完全复制了周朝国家的政治结构。所谓"天子建国，诸侯立家"，就是指的这个意思。经过王室与诸侯的一番共同构建，西周王朝大地域国家呈现的是"王畿—诸侯国—采邑"的国土结构，这是与"天子—诸侯—卿大夫"的贵族等级结构相对应的。

从西周早期周王分封的情况来看，周王并没有一股脑儿地把所有王室宗亲都分封到东部。《左传·昭公九年》记载周大夫詹桓伯说："我自夏以后稷，魏、骀、芮、岐、毕，吾西土也；及武王克商，蒲姑（薄姑）、商奄，吾东土也；巴、濮、楚、邓，吾南土也；肃慎、燕、亳，吾北土也。"魏、骀、芮、岐、毕等，都是位于周人"大本营"的诸侯。而《左传·僖公二十四年》列举了许多亲戚子弟受封的国名："管、蔡、郕、霍、鲁、卫、毛、聃、郜、雍、曹、滕、毕、原、酆、郇，文之昭也；邘、晋、应、韩，武之穆也；凡、蒋、邢、茅、胙、祭，周公之胤也。"其中也有一些分封地点与西周都城距离很近的封国。这些分封地点距离都城很近的诸侯，文献中称之为"畿内诸侯"。

西周时期的"王畿"是怎样的？

所谓"王畿"，就是周王室直接占据和控制的地区，其中心就是国都。西周有三个都城，即"周""宗周""成周"三地，是周王进行册命或举行其他重大活动的地点。周，即岐周，又称岐邑，是周人的起兴之地，在今陕西宝鸡市岐山县京当镇和扶风县法门镇的交界范围，西至岐山祝家庄岐阳堡，东至扶风法门的樊村、齐村，北至岐山脚下，南至扶风法门的康家村、庄李村等。[1]宗周，即武王所都镐京，在今陕西西安市西南沣河中游的西岸。而成周，就是周公和成王新建的"新邑"洛邑，在今河南洛阳市附近。

这三地，作为西周不同时期的都城，其作用各有不同。岐周，虽然文王之后不再是国都，但作为周人的发祥地，仍在周人的政治生活中占据相当重要的位置。许多贵族在此封有采田，世代居住。宗周是西周事实上的国都，周王常居于此。在这里还有周王的军队之一"西六师"驻守。而成周是全国征收贡赋的中心，杨宽指出："成周不仅是对周围'郊甸'征发人力物力的中心，而且是对四方诸侯征发贡赋的中心，更是对四方被征服的夷狄部族或国家征发人力物力的中心。"[2]不仅如此，成周还是周人对南方、东方进行军事活动的重镇，附近驻有另一支由周王直接

---

[1] 陈全方：《周原与周文化》第一章《周原的自然环境及其历史变迁》，上海人民出版社1988年版；陈梦家：《西周铜器断代（二）》，《考古学报》第十册，1955年版。

[2] 杨宽：《中国古代都城制度史研究》上编，上海古籍出版社1993年版。

掌握的军队——成周八师。有学者甚至认为，由于地理位置的关系，成周的重要性要超过宗周。[①]

金文显示，都城周边还有不少由周王委派的官吏管理的田邑，即"王邑"。这些田邑的赋税归王室所有，它们应当也属于周王室直接占据和控制的地区。其中的丰邑，曾是文王所建的都城；郑地，有大室，周王曾经在这里对大臣免进行册命（见青铜器免卣、免尊的铭文），据称穆王曾以此为别都。[②] 而荼京，常见于青铜器铭文，那里建有湿宫、辟雍和大池，周王常在这个地方对臣下进行赏赐或册命（见伯姜鼎、史懋壶、弭叔师察簋、遹簋、静簋等铭文）。这三邑，都分布在当时的都城宗周附近，这在免尊铭文中就有明确的记载。免尊内底部铸有铭文五行，共四十九字，其大意是说，在六月第一个吉日丁亥这一天，王在郑地。王到了宗庙的大厅（大室）选行册部。在册命典礼上，邢叔作免的右者。王嘉奖免，命史官懋赐给免官服中的皮裙和麻带，任命免为司工。免为了答谢和宣扬王的美意，做了这件尊。免及子子孙孙将万年珍视此彝器。

在西周金文中，周王直接拥有的王邑，还有"五邑"和"九邑"之类。周王直接任命官吏对这些邑进行管理，例如册命"九邑祝"（见申簋盖铭文）、"五邑走马"（见元年师兑簋铭文）等。

---

① 杨宽：《中国古代都城制度史研究》上编，上海古籍出版社1993年版。
② 《汉书·地理志》注引臣瓒说；王国维撰，黄永年校点：《古本竹书纪年辑校·今本竹书纪年疏证》，辽宁教育出版社1997年版。

周王还任命大臣"作邑",说明周王除了已占有的城邑之外,还建造新邑,以求掌握更多的王邑。

五邑或九邑,以及这些新建的邑,规模大概是怎么样的呢?古代有大邑、小邑之分。小邑有的小到"十室"(《论语·公冶长》),此外还有"三十家为邑"(《国语·齐语》)、"四井为邑"(《周礼·地官司徒》),规模都不大,其中也可能包括某些村落在内。金文中的"五邑"和"九邑",可能就属于这一类,目的在于"以任地事而令贡赋"(《周礼·地官司徒》),专为周王提供赋税和力役。金文中所见的这些王邑,有一部分应是分布在王都(宗周和成周)附近的从属性聚落(邑)。也有学者提出五邑或九邑应包括上述丰镐、岐山、成周、莽京、郑地等在内。

除了王邑之外,为周王直接提供赋税的,还有周王拥有的籍田、苑囿和其他一些土地。此外金文中还常见"某师"的地名,其中有些可能也是由周王直接控制的。比如京师,周王曾亲自任命膳夫克"遹泾东至于京师"(见克钟铭文),据考证,膳夫克就是大克鼎的器主。由铭文所载,京师也应当在周王的直接管辖范围之内。京师就是周人先公公刘所居豳地之野[①],是周人的故地。这些地点,也都在都城或王邑的周围。

[①] 李学勤:《论多友鼎的时代及意义》,《新出青铜器研究》,文物出版社1990年版;郭沫若:《两周金文辞大系图录考释·夷王》引唐兰说,科学出版社1957年版。郭氏以京师为晋地,李氏对此已有辩驳,参见李文。

免尊（北京故宫博物院藏）及其铭文拓片，其中有"王在奠（郑），丁亥，王各（格）大室"的内容。

申簋盖（现藏于镇江博物馆）及其铭文

《汉书·地理志》说:"初,雒(洛)邑与宗周通封畿,东西长而南北短,短长相覆为千里。"但事实上,直接属于周王的区域并不是连成一片的。

一是在宗周镐京和成周洛邑两座都城之间,还分布着许多诸侯国和贵族的采邑。《国语·郑语》记史伯分析当时形势,说"当成周者,南有荆蛮、申、吕、应、邓、陈、蔡、随、唐;北有卫、燕、狄、鲜虞、潞、洛、泉、徐、蒲;西有虞、虢、晋、隗、霍、杨、魏、芮;东有齐、鲁、曹、宋、滕、薛、邹、莒",其中位于成周西面者,大抵都是在宗周和成周之间的诸侯国。

《周礼·地官司徒》有关"以任地事而令贡赋"的记载。

二是就某一座都邑而言,也是周王的直接领地与其他贵族的居宅、采邑交错分布。比如金文中所显示的荼京,是周王直接掌握的重要都邑之一,其地建有周王的宫室(湿宫)以及辟雍。至西周晚期,周王还在这里的大室之中,对臣属进行过册命。这些在弭叔师㝨簋等铭文中都有记载。而西周中期的卯簋,铭文上记贵族荣伯册命自己的下属卯要"死(尸)荼宫、荼人"。很显然,

大克鼎（又称膳夫克鼎，陕西宝鸡市扶风县出土）

弭叔师朿簋铭文

这里不但建有周王的宫室和荣氏的茶宫，荣氏或许还在此拥有采邑。《国语·周语上》韦昭有一条注说"荣，国名"，看来荣氏除了在茶京拥有采邑外，在另外的地点还有封国。又比如毕地，《史记·魏世家》记载武王曾封毕公高于毕，毕是毕公所受的封国。但《史记·鲁周公世家》也说成王将周公葬在毕地，"从文王"，说明毕地还是周先王的陵墓所在。青铜器望簋的铭文上说："王乎史年册令望，死（尸）司毕王家。"这是说周王册命大臣望管理在毕地的先王宗庙。①而召卣铭文又记"王……事（使）赏毕土方五十里"②，是说在毕地还有方圆五十里的土地从此成为召的采田。仅一毕地，既有周王先祖宗庙，又有臣下的封邑和采田。此外，五祀卫鼎铭文说裘卫在邦君厉的邑中建立居宅（"乃舍寓〔宇〕于厥邑"），由此形成的邑的格局，也是与此类似的。

这样看来，单独、完整、连成一片的王畿之地并不存在。周王所直接占据和控制的，仅是都城、王邑以及周边地区的部分地点。当时还没有作为行政区性质的畿内与畿外的划分。如果一定要做出区分，我们可以这样说，西周时期的"王畿"是由周王直接治理的势力范围，是逐渐承担周朝国家中央政治职能的"中央区域"；③而"畿外"，则是通过周王所分封的诸侯进行控制和管理的周王朝的势力范围。

---

① 铭文从郭沫若：《两周金文辞大系图录考释》，科学出版社1957年版。
② 铭文从郭沫若：《两周金文辞大系图录考释》，科学出版社1957年版。
③ 谢维扬：《中国早期国家》第七章，浙江人民出版社1995年版。

那么，所谓的"畿内"诸侯与那些分封到东部的"畿外"诸侯又有什么不同？

西周青铜器大盂鼎，出土于陕西宝鸡市眉县礼村，学者多认为这里就是盂当时受领的采田所在，距离王都不远，其地应该属于畿内范围。盂是周王直接册命的王官，又有观点认为盂即武王之子邘叔①，但即使是邘叔所领的邘，亦被视为畿内之国②。然而，我们看铭文："王曰：而（耐），令女（汝）盂井（型）乃嗣祖南公。王曰：盂，乃召（绍）夹死（尸）司戎，敏谏罚讼，夙夕召（绍）我一人烝四方，雩我其遹省先王受民受疆土。赐女（汝）鬯一卣、冂（禊）衣芾、舄、车、马，赐乃祖南公旂，用遵（狩）。赐女（汝）邦司四伯，人鬲自驭至于庶人，六百又五十又九夫。赐尸（夷）司王臣十又三伯，人鬲千又五十夫，逐寱迁自厥土。"同样的授土授民分物，与册封"畿外诸侯"宜侯矢的记载（宜侯矢簋）③并没有实质性的差别。对此，王国维早已明确指出，大盂鼎是"纪王遣盂就国之事"。④既然这样，在分封和册命形式上，所谓的"畿内诸侯"与"畿外诸侯"也是无区别的。对周王而

---

① 《辞海·地理分册》；杨伯峻编著：《春秋左传注》（修订本），中华书局2009年版；王国维：《鬼方昆夷猃狁考》，《观堂集林》，中华书局1959年版；陈槃：《春秋大事表列国爵姓及存灭表譔异》册四，上海古籍出版社2009年版。
② 吕文郁：《周代的采邑制度（增订版）》，社会科学文献出版社2006年版。
③ 宜侯矢簋在江苏丹徒烟墩山出土，则此宜当在"畿外"。又有学者以此宜为吴国，如此，离宗周或成周就更远了。见唐兰：《宜侯矢簋释文》，《考古学报》1956年第2期；李学勤：《宜侯矢簋与吴国》，《文物》1985年第7期。
④ 王国维：《鬼方昆夷猃狁考》，《观堂集林》，中华书局1959年版。

第七章　诸侯与"四方" | *157*

五祀卫鼎及其铭文。铭文记述了周懿王五年,"裘卫"和邦君厉交易土地的故事。说明西周时期,土地与其他物品一样,可以进行实物交换。

言,它们都是"封建诸侯,以蕃屏周"的结果。

不过,虽然"封建"程序相同,周人分封时也并没刻意区别畿内诸侯与畿外诸侯,但有一个客观事实不容否认——就是这个事实,最终影响到分封于不同区域的诸侯——前者所受封国的地理位置与周王直接占据的地区十分接近,因此周王对他们的控制相对那些分封较远的诸侯而言,要更为强而有力。

首先由于它们的地理位置,畿内诸侯常有机会入为王官。本来,诸侯入朝为王官,在西周是非常普遍的现象。如鲁侯伯禽、卫侯康叔、卫侯武公等,但由于后者封国离王都较远,出任王官的次数相对并不频繁。而毛国、荣国、毕国、祭国、芮国、虢国等离王都近,他们的国君出任王朝公卿的机会较多。康王时有召公、芮伯、彤伯、毕公和毛公,穆王时有虢城公、毛伯、祭公谋父,厉王时有邵公、芮良夫,宣王时有虢文公;西周中、晚期的青铜器铭文上,毛公、荣伯也是经常见到的名字。① 这些都是王都附近各国国君在不同周王时期入为王室公卿的例子。

经常入朝为官,既让这些诸侯对周朝国家事务拥有了一定的控制权,也让周王对他们行使权力更为方便和直接。比如班簋记周王命令毛伯接任虢城公的职司("王令毛伯更虢城公服"),《国语·周语上》中记厉王不听劝告、执意要以荣夷公为卿士,春秋时还有周王黜郑伯,"将畀(bì)虢公政"之事(《左传·隐

---

① 金文中出现的荣伯较多,且多出现在西周中、晚期,可能并不属于同一王世。

公三年》）。这些材料都说明，上述诸侯的确常为王官，但是否就能成为执政、公卿，还是要由周王最后决定。随着王朝官僚系统职官增加、分职更加细密，一个具官僚特质的群体，即卿大夫群体逐渐形成。他们以担任王朝各级官员、"夙夕用事"为主要职责①，对诸侯控制王朝事务的权力，也就起到一定的限制作用。而西周后期，宰和膳夫逐渐充当权臣，如周王令膳夫克"出内（入）王令"（见大克鼎铭文）、"舍令于成周，遹正八师之年"（见小克鼎铭文），大簋盖铭文中记载令膳夫豕传命等，更对这些诸侯的原有地位产生了极大的威胁。

再者，周王赏赐卿大夫采地的做法，客观上起到了限制这些诸侯邦国规模的作用。卿大夫主要担任王朝各级官员，而作为奖励，周王也对他们赏赐土地，即采地。但卿大夫不得世守采地，不得对采地再进行分割，没有祭祀社稷的权力。②换句话说，周王对于卿大夫的采地仍然拥有所有权，并可以重新进行分配。卿大夫只享有土地收益。青铜器大簋盖铭文记的就是周王把某一诸侯所属的"里"转赐给了另外的诸侯。

要知道，在宗周和成周之间，王直接控制和管理的土地与诸侯封国本就已经毗连甚至交错分布，因而周王对卿大夫的田里之赐更加剧了这种相互分割的态势。从金文看，周王赏赐的田里，常是分

---

① 李朝远：《论西周社会分层秩序中的地位群体——卿大夫》，《人文杂志》1990年第1期。
② 李朝远：《论西周社会分层秩序中的地位群体——卿大夫》，《人文杂志》1990年第1期。

敔簋及其铭文（河南平顶山市出土）

散的,并不集中于一地。如西周晚期的敔(yǔ)簋记周王赐给敔一百块田,是由两地各五十块田共同组成的,分给大臣克的田地更是分散在七个不同的地点。这或许是周王有意为之,或许是囿于土地分布的格局,不得不如此。无论怎样,这些分散于各地的采地都可能会与某一诸侯或多个诸侯的邦国毗邻或接壤。比如五祀卫鼎铭文记录了邦君厉给予裘卫田地的事,这些田地的北、东、南、西四面分别跟厉、散、政父三家的田地相邻:"厥逆(朔)疆眔厉田,厥东疆眔散田,厥南疆眔散田、眔政父田,厥西疆眔厉田。"也就是说这块土地是在各家田地的包围之中了。这样的情况在当时非常普遍。

面对权力、土地逐渐被限制、分割的态势,出于君臣关系、宗法关系或碍于周王的权威,这些诸侯一般不会采用军事手段从周王或同姓那里直接夺取土地。这就使卿大夫的采地愈加密集,从客观上进一步限制了诸侯国发展的规模。

既然不能像封地离王都较远的诸侯那样,通过对周围的戎狄蛮夷或旧有邦国用兵扩充自己的实力,接近王都的诸侯就只能依附于天子,依靠周王的赏赐获得土地和人民的增加,但实际上,通过周王赏赐的方法获得的土地数量是极少的。而且,随着西周晚期社会阶层的变动,像裘卫那样的小贵族通过自己手中的物产与矩伯、邦君厉之类的诸侯或贵族相交换,反而获得了土地的增加。[①]这样一来,这些诸侯邦国原有的土地还有减少的可能。

---

① 一说邦君为畿内小国国君。见唐兰:《陕西省岐山县董家村新出西周重要铜器铭辞的译文和注释》,《文物》1976年第5期。

因此,在为王朝所承担义务和受王权控制程度两个方面,那些分封地点靠近王都以及周王直接占据地区的诸侯,跟其他分封地点远离王都的诸侯相比,逐渐显出差别。他们"藩屏周室"的功能慢慢减退,作为王朝官员的官僚属性一步步加深;他们原先用以"藩屏周室"的邦国土地和人民,不但不能通过军事殖民方式获得扩充,反而受到了王室的限制和其他贵族的侵夺。这些都使得他们作为诸侯的自治权力受到削弱,从而加深了对王权的依赖性,也使这些诸侯所受的封邦国及其领有的都邑不可能具有独立的特性。

以上这些都可看作这两类诸侯的区别所在。但这种区别并不是突然产生或是在周初分封时就已经设计好的。从上述分析来看,这应是一个较长的历史过程,而且至西周晚期,这一过程仍在继续。那些客观上起到限制诸侯国规模效果的田里之赐,就多行于西周中期以后[①]。这与中期以后的官僚系统职官增多、分工变细[②]恐怕有很大关系。因此可以认为,西周时期还没有所谓"畿内诸侯"与"畿外诸侯"的提法。[③]

[①] 刘雨:《西周金文中的大封小封和赐田里》,中国社会科学院考古研究所编著:《中国考古学论丛》。
[②] 张亚初、刘雨:《西周金文官制研究》,中华书局1986年版。
[③] 赵伯雄提出,"畿内诸侯"与"畿外诸侯"的提法,是汉儒根据汉初制度推想而来的。他通过对王畿概念的来龙去脉的分析也得出了与本文相类似的结论。参见赵伯雄《周代国家形态研究·周邦、王畿异同辨》,湖南教育出版社1990年版。

诸侯与王室的关系

成王东征胜利后封邦建国,从此西周王朝的运转实际由两部分共同支撑:一部分是帮助周王在以都城为核心的统治中心区域直接行政和进行管理的官僚系统,另一部分是服从和效忠于周王的诸侯国的自治行政系统。

与商代相类似,周朝国家内也有相当数量的地方诸侯;与商朝不同的是,周人主动分封王室的宗室近亲成为新诸侯。在周王直接占据和控制的中心区域以外,这些诸侯作为周王的代理人,实现王朝统治在地方的延伸与深化。

笼统而言,诸侯与周王室的关系大体可以根据有无血缘关系进行划分:有血缘关系的诸侯与周王关系密切,例如周初分封的卫康叔、唐叔虞、鲁伯禽,以及郕、霍、毛、聃、郜、雍、曹、滕、毕、原、酆、郇、邢、应、韩、凡、蒋、邘、茅、胙、祭等;相对来说,没有血缘关系的诸侯与周王的关系要疏远些。

在没有血缘关系的

卫康叔像

唐叔虞像

诸侯中，与周王室关系的亲密程度还可分成若干等次。接受周人建国之初的分封而成为新诸侯的，与周王室关系更贴近些：比如作为功臣受封的姜齐、召燕，武庚叛乱之后受领殷遗民立国继祀的宋微子等，都属于此类。那些原本在夏商时期就存在的古国，采取了臣服于周的态度，成为新朝的属国，由于实力远无法与周匹敌，大都与周保持比较稳定的臣属关系。而与周人关系最为疏远、服从和叛离不定的，是处于周统治范围边缘的人群。

可见，周人分封宗室懿亲和功臣、故国首领为诸侯的主动行为，客观上造成了各地诸侯与王室关系存在远近亲疏大相径庭的事实。反过来说，周王室对各地诸侯的倚重程度，也根据这种远近亲疏关系而明显不同。毋庸置疑，王室近亲、功臣所建立的新诸侯，是周天子统治天下的"中流砥柱"；稳定服属于周的故国、古国，是周朝统治的坚固"底盘"；统治边缘的人群，则成为周人扩张、控制和征服的对象。

既然王朝诸侯间存在这种客观差异，周王对其进行管理的模式和要求也相应地有所区别。文献中对此有不少记述,称为"五服"或"九服"。这里的"服",有顺服、归化的意思,是指地方服从中央的一种统治形式。"五服"是《国语·周语上》提到的:"夫先王之制:邦内甸服,邦外侯服,侯卫宾服,蛮夷要服,戎狄荒服。"其中的"甸服""侯服""宾服""要服"和"荒服",就是与周王朝关系分属不同等次的五类诸侯:"甸"事生产,治田入谷,是为周王朝日常运转提供经济支撑的诸侯;"侯"为王守边御侮,是周王在四方的守卫者;"宾",就是前代圣王之后在本朝为客者,诸如宋、陈、杞等国。至于"要服"与"荒服",蒙文通先生有一个解释:"'要'是'要约',是羁縻约束的意思。'荒'是'慌忽无常',是居处无定的意思。……据《周语》的说法,则东南只要要服而无荒服,西北只要荒服而无要服。这个说法就当时四裔民族来考察,是合适的。周秦以来西北是游牧之族……是行国,故说他是慌忽不定,是荒服;而东南则是农耕之族……可以要约羁縻,是要服。"①

在《周语》的语境中,这五类诸侯分别要为王室承担不同的职贡内容:甸服者要为周王提供每日祭祀所需,侯服者要供应每月祭祀所需,宾服者供应四时享祭,要服者每年贡纳,荒服者要承认周王的王者权威("甸服者祭,侯服者祀,宾服者享,要服者贡,荒服者王")。从这一表述我们可以发现,《周语》归纳的"五服",正与现实中诸侯与周王室的亲疏关系大体相对应:甸、

---

① 蒙文通:《略论〈山海经〉的写作时代与其产生地域》,《古学甄微》,巴蜀书社1987年版。

侯、宾服功能不同,却与周王关系最为紧密和稳定;而荒服与要服,指西周的四裔,是王朝统治边缘的各支人群,其中荒服对应西方、北方的戎狄,要服对应东方、南方的东夷、淮夷、南夷之属。《周语》所归纳的"五服",有着切实的现实背景。

"五服"的提法,也见于《尚书·禹贡》,只是将"宾服"改成了"绥服"。此外还有"九服"的说法,见于《周礼·夏官司马》,分别是:侯服、甸服、男服、采服、卫服、蛮服、夷服、镇服和藩服。《周礼·秋官司寇》又另有"七服"的说法,分别是侯服、甸服、男服、采服、卫服、要服和藩国。

《禹贡》与《周礼》关于诸侯"服"的提法虽然相异,但有一点却是相同的,就是它们都等距离划分各"服"的地理位置——《禹贡》上说:五百里"甸服",五百里"侯服",五百里"绥服",五百里"要服"和五百里"荒服"。《周礼·夏官司马》则又加上了周王畿这一个"圆心":"方千里曰王畿,其外方五百里曰侯服,又其外方五百里曰甸服,又其外方五百里曰男服,又其外方五百里曰采服,又其

《尚书·禹贡》有关"五服"的记载。

外方五百里曰卫服,又其外方五百里曰蛮服,又其外方五百里曰夷服,又其外方五百里曰镇服,又其外方五百里曰藩服。"从而形成了一个以周王畿为圆心、等距离向外延展的不同诸侯类别的同心区域。

我们从常理分析,以等距划分行政区域完全不可行;何况,周王室也并不存在一个完整、连续、独立、方圆千里的"王畿"行政区;就算是以东都洛邑和西都丰镐连线的区域作为中心点,周王朝的统治区域东广西狭,东、西距离并不等长,同样五百里划分出去,在东边还属于甸服的范围,在西北边可能就已经面对戎狄的威胁了。《禹贡》和《周礼》的说法,应该是西周区别对待不同关系诸侯这一历史现象的理论归纳和理想化"模型"吧!

从文献和出土金文所显示的内容来看,西周时期的诸侯都必须依周礼建制,规模受到很大的限制,比如:诸侯国的上卿不得超过三人,其地位相当于周王的下卿,在周王面前只能自称"陪臣",意思是"臣之臣";诸侯的军队不能超过三军,与周王拥有的"西六师""成周八师"比较起来,实力相差悬殊;诸侯国国都的周长最多不能超过三百雉(九百丈),而诸侯国内的大邑,城墙周长不能超过一百雉……这些规定,都严格限定了诸侯国的规模,也保证了王朝对诸侯绝对的控制力。

在西周时期,周天子对诸侯的确拥有相当大的权威。就像"五服"制度所反映的那样,周王要对诸侯征收赋税、贡纳、力

周昭王像

役，要求经济上的支持。行政上，通过诸侯朝觐和天子巡狩制度，周王可以了解和处理诸侯的事务。《礼记·王制》上说："诸侯之于天子也，比年一小聘，三年一大聘，五年一朝。"又说："天子五年一巡守（狩）。"《周礼·秋官司寇》上也说："王之所以抚邦国诸侯者，岁遍存。三岁，遍頫；五岁，遍省；七岁，属象胥，谕言语，协辞命；九岁，属瞽史，谕书名，听声音；十有一岁，达瑞节，同度量，成牢礼，同数器、修法则；十有二岁，王巡守殷国。"文献中记录的周王巡狩之事不多。但《史记·周本纪》上说周昭王"南巡狩不返"，《左传·昭公十二年》言穆王"欲肆其心，周行天下，将皆必有车辙马迹焉"，青铜器宗周钟记周王南征，"南尸（夷）、东尸（夷）具（俱）见廿又六邦"，晋侯苏钟记"王亲遹省东或（国）、南或（国）"，这些都应是巡狩性质，都伴随着周王的军事征伐活动。

不仅如此，周王还向诸侯委派官员，任为诸侯上卿，或是作为"监国"。文献上说，大国三卿皆由周王委任，次国三卿中的两位由周王委任。天子另派他的大夫作为监国，"监于方伯之国"。除了我们熟知的周初"三监"之外，金文上就有监军（善鼎铭："监𫊣师戍"）、监国（仲幾父簋铭："者［诸］侯者［诸］监"）的说法，还有"应监""荣监"等以"监"为名的官名。此外，周王还经常派遣官员对诸侯进行省视，金文中"省""宁""使"等，都属于此类。

虽然一般情况下，诸侯国内采取"自治"，但

《礼记·王制》有关"大国三卿，皆命于天子"的记载。

西周时期也有少数周王直接干涉诸侯国内政的例子。比如周夷王听信纪侯而烹杀齐哀公，立哀公的弟弟公子静为齐君（齐胡公）。周宣王干涉鲁国立嗣。鲁武公曾带着自己的长子公子括和少子公子戏西行朝觐周宣王。宣王喜爱其少子戏，不听大夫樊仲（仲山甫）的劝阻，执意废长立少，钦点姬戏为鲁国太子。结果姬戏即位（为鲁懿公）九年，鲁国内乱，原先被废的公子括的儿子伯御召集鲁人攻杀懿公自立。宣王发兵讨伐鲁国，杀死

伯御，再次钦点鲁君。这一回，懿公的弟弟公子称成为最佳人选，是为鲁孝公。周宣王还曾经委派大臣仲山甫到齐国去建城，《诗经·大雅·烝民》上就对此事有记载："王命仲山甫，城彼东方"，"仲山甫徂齐"。学者指出，当时齐国内乱，厉公暴虐，齐人杀死齐厉公和胡公七十多人；仲山甫前去，是受王命所托，安定齐国。① 如此种种，无不说明周王对于诸侯具有相当的权威。

周宣王像

王朝与周边的战争

西周前期，周王通过主动分封宗亲的方式，建立起了一个有

---

① 今人程俊英解释说："《汉书·杜钦传》说仲山甫'就封于齐'。经后人考证，认为封齐之说不足据。王质《诗总闻》：'据《史记·齐世家》：齐厉公暴虐，齐人杀厉公及胡公诸子等七十人。事在宣王之世，筑城之命，疑在斯时，盖出定齐也。'其说近是。"

效统治广袤地区的"王室—诸侯"体系,形成具有西周国家特色的宏观地缘政治结构。总体而言,这个政治结构的实际效果还是不错的。尽管如此,在周王朝统治区域的周边,仍然活动着许多不同部族的人群,与周王室的关系并不稳定。他们时服时叛,许多时候与周人兵戎相见。这些周边人群,周人称之为"戎夷蛮狄"。泛泛来分,北方为狄,南方为蛮,东方为夷,西方称戎。

周人的西北和北部,生活着一些游牧性质的人群,比如羌、犬戎、混夷、昆夷、畎戎、鬼方与猃狁(xiǎn yǔn)。有学者认为,除了羌,其他的名称其实指的都是同一族类,不过有时间、地点、音译、诬称以及个别支派的不同罢了。①

从考古发现来看,在今陕西和山西交界的黄河两岸和内蒙古中东部,分布着以山西石楼和陕西绥德为中心的青铜文化,其青铜武器、工具和装饰品具有非常鲜明的北方地区文化特色,包括带銎(qióng)的戈、钺、斧、兽首刀、环首刀、铃首剑、蛇形匕、带铃车饰、靴形器、梳等。此外还有用黄金制作的弓形器、耳饰等。位于更北的内蒙古自治区鄂尔多斯市伊金霍洛旗的朱开沟遗址,出土了包括礼器、兵器、工具和装饰品在内的不同器类青铜器,其代表性器物是装饰有羊首、马首、鹿首的短剑、短刀和装饰有动物纹样的牌饰、装饰品,将原以为春秋战国时期才出现的"鄂尔多斯青铜器"的时代上限推进到了商代早期。北部的这两种

---

① 白寿彝主编:《中国通史》第三卷《上古时代(上)》,上海人民出版社1989年版。

青铜文化，都显示出半农半牧的经济形态特征，而且随着气候的变化，大体上都经历了从定居农业转向畜牧业的演变过程。

在西北的甘肃、青海地区，商周时期的青铜文化有辛店文化、卡约文化和寺洼文化。辛店文化分布在青海东部和甘肃中部地区；卡约文化分布于青海湟水流域，东至甘青交界，西达青海湖至柴达木盆地东北边缘，北到祁连山南麓，南至果洛玛沁黄河沿岸；寺洼文化分布于甘肃洮河流域，西与辛店文化相邻。此外还有分布在腾格里沙漠南缘、今甘肃西部偏北地区的沙井文化，等等。这些青铜文化显示，畜牧业在这些地区经济生活中所占的比重都很大，埋葬习俗方面也具有一些相似性，有学者认为这或许与氏羌古族的遗存有关。

在周人早期的历史里，无论是不窋失官、"自窜于夷狄"，还是古公亶父"虽在夷狄之间"却仍然坚持农业生产、"复修社稷之业"，这些故事都反映了早期周人与戎狄割不断的复杂关系。当然，这些故事也能大致反映出周人族群意识兴起的过程。商朝末期周人首领王季与姬昌壮大周人的势力，很大程度上就是通过与这些戎狄进行战争和融合来实现的。

西周时期，西方戎狄向东南推进的步伐并没有停止，因此与周王室之间的战斗也在持续。周康王二十五年（亦有认为是昭王时期），周人与鬼方发生了一场大战役，周人大获全胜，俘获敌方酋长三人，战俘一万三千多人，割耳四千八百多人，还缴获一百多匹马和三十辆战车、三百五十五头牛、二十八只羊。西周一方的军队，是由一位叫"盂"的将领率领的。取得如此规模的胜利，周王在宗周的周庙举行了盛大的献俘礼，隆重地祭祀文、武、成王，并对盂大加赏赐。这件事对盂而言是极大的荣耀，他专门铸了一只向祖先祭祀的鼎——小盂鼎。小盂鼎的铭文详细记载了献俘礼的过程。

这场战役，鬼方惨败，自此之后很长时间，西北方面一直比较太平。穆王也曾对犬戎用兵，但战果不大。直到西周晚期，猃狁再度成为周王室的心腹之患。宣王时期，猃狁势力甚至逼近周都宗周，而周幽王就是在犬戎、申侯和缯侯的联合攻击下，身死国亡。

在周与西北戎狄交战的过程中，双方文化也在潜移默化地发生着交流和融合。比如，西周早期的小盂鼎和西周中期的师同鼎铭文中，都提到了北方戎人用车的细节。1963年，内蒙古宁城南山根夏家店上层墓葬出土一件西周晚期的骨牌，上面刻有驾车猎鹿的场景，车的形制与中原战车相似，说明西周的北方游牧民族也使用马车。另外，在俄罗斯、蒙古、中亚各地的远古岩画中，也陆续发现了与商周甲骨文、金文"车"字形式非常一致的马车

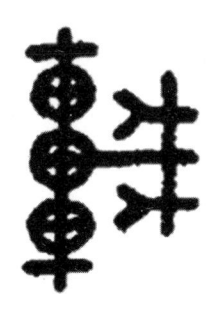

甲骨文、金文中的"车"字形

图案。而且中亚西部的亚美尼亚塞凡湖南岸的鲁查申古墓还出土了两辆保存完整的马车，基本结构与商代的马车无异，而年代上却比中国中原地区最早的马车出现的时间还略早些。这些情况显示，商周马车的起源，并不是中原地区的孤立现象，恐怕与广阔的亚欧大陆还存在某些共通之处。那么，处在中原和中亚西部之间的这些戎狄，很可能就是中西文化交流的一座桥梁。

西周早期，周人在东方的主要敌人是居住在今山东及河南东部、江苏北部的东夷。今山东半岛的古代文化渊源深远，新石器时代中、晚期的大汶口文化和山东龙山文化，发展水平都达到相当高的程度。夏商时期分布于这一地区的岳石文化，被公认为是东夷古族的遗存，此时已经进入青铜时代。

这一区域的人群，从夏、商时期开始，就是中原劲敌。中原王朝用兵不断，最终夏桀、商纣都因征伐东夷而大伤元气，从而给予商汤、周武王以灭国的可乘之机。周初时，管叔、蔡叔联合商纣之子武庚叛乱，东夷的奄、薄姑也趁机而动，周人经历了三年的艰苦东征，才重新稳定局势。所以，周公东征胜利后，就把齐、鲁这样重要的诸侯分封在奄及薄姑旧地。驻守在东部的王朝军队成周八师，最主要的战略目的之一就是征讨东夷。有一件小臣谜簋，铭文就记载了"伯懋父以殷八师征东尸（夷）"的事情。

继东夷之后，在东南方给周人造成极大困扰的是淮夷，又称南淮夷。他们是主要分布在淮水流域，包括徐国、鄂国在内的若干国家或部族人群。原来在今安徽江淮地区分布着斗鸡台文化，时代约与中原地区的夏代相当。西周初期，由于周人东征的打击，部分东夷南下，更壮大了淮夷的势力。在淮北地区，有一批偃姓小国，诸如群舒（舒庸、舒鸠、舒龙、舒蓼、舒鲍）、英、六、蓼、宗、巢、桐等。传说，偃姓的始祖是生于曲阜的皋陶①，这样说来，这批小国最早很可能就是东夷的一支。

皋陶像

淮夷族群曾经也处于周王室的控制之下，向周王朝交纳布帛贡赋，还输送粮草和服役的人众。周王对他们很不客气，声称"（你们）敢不听命？马上就刑罚加身、军队讨伐"（兮甲盘铭文："敢不用令［命］，则即井［刑］扑［扑］伐"）！其中不乏周统治者对其处置失当的成分。长此以往，淮夷如何不反？穆王时，就有传说徐偃王趁穆王西巡而率领东夷、淮夷叛乱，亏得穆王的御者造父驾驭千里马，一日千里救难（《史记·秦本纪》）。厉王时，又有一位鄂侯御方，率领南夷、东夷叛乱，"广伐南或（国）、东或（国）"，深入周境。周王把全部主力西六师和殷八师都用上了，还

---

① 《史记·夏本纪》正义引《帝王纪》。《正义》并以为英即蓼。

没能攻克敌人。后来一位叫武公的贵族派出将领禹，禹领着自己的亲兵投入战斗，才使局面改观，勉强取胜（见禹鼎铭文）。其余记载征伐淮夷、南淮夷、南夷之类内容的青铜器铭文，还有不少。

由于淮夷曾经深入成周洛邑所在的伊洛地区，周王室为此在洛邑外围建立了防线。金文显示，录伐曾奉命率领成周军队（"成周师氏"）驻守今河南平顶山市叶县（见录伐卣铭文）。后来还有一位师雍父，也曾经驻扎于此，他往来于叶地与今南阳附近的斟国，目的也是在于巩固这条防御淮夷进攻伊洛地区的防线。

南方还有一个周人劲敌，荆楚。周初青铜器铭文中，就有周人伐楚的记录。为了加强对南方的控制，周王在淮河和汉水沿岸分封了一些姬姓国，称为"汉阳诸姬"，如息国（今河南信阳市息县）、鄡国（今湖北安陆市）等。此外，周王还在今湖北孝感、京山市一带，分封了姬姓曾国；河南南阳地区，分封了申国和吕国等姜姓诸侯。《史记·楚世家》中说，成王时还分封熊绎为子姓之国，而熊绎则以"桃弧棘矢"供给王室大事之用，向周王进贡祭祀时使用的包茅。不过熊绎之楚地位低微，不能参加中原诸侯的会盟。而且，楚对于周王室服从的时间并不长。过伯簋铭文说"过白（伯）从王伐反荆"，盠（zī）簋说"盠从王伐荆"，记载的可能都是西周中期昭王南征的事。

昭王南征取得了一些成果。例如宗周钟铭文记载了南国艮（fú）子侵犯周土，遭到昭王亲伐，一直打到艮子的都邑。艮子派使者迎接昭王，带领二十六个南夷、东夷的小邦前来朝见。然而，总体而言，昭王的南征很不顺利。《竹书纪年》上记载：昭

过伯簋及其铭文。过伯簋内底刻有"过白(伯)从王伐反荆"等十六字铭文,记载了过伯随周昭王南征荆地的史实。

鄂叔簋(西周早期,上海博物馆藏)

王十六年,伐荆楚,渡过汉水,遇到了大犀牛("遇大兕")。又说,昭王十九年,在汉水流域损失六师军队("丧六师于汉")。最终,昭王死在北归的途中。

昭王向南推进的步伐遭到了阻碍。从此,西周的军事大体转向以防御为主。从整个西周历史来看,周人征服的重心有一个转移的过程:周人兴起之初,征服的对象主要是西边的戎狄;其后向东发展,这个发展的势头,以周公、成王东征并向东方大规模分封诸侯为高潮;此后昭王时期转而向南方经营,虽然也取得了一些胜利,不料昭王遭到兵败身死这样的大挫折;对于南方的征服,到西周晚期宣王时取得重大进展,周人征服到江淮流域,并且在南阳地区分封了申伯。

不过,这时候,周人最大的敌人其实已经是西北方的猃狁和犬戎了。

第八章 礼乐制度

"五礼"与乐

文献中说周公"制礼作乐",是西周留给后世的重要的政治和文化遗产之一。春秋的大思想家孔子非常推崇周礼,在他所处的那个"礼崩乐坏"的时代里,他力主"克己复礼",作为实现道德最高理想"仁"的手段和方法。那么,什么叫作"礼"?周礼又是什么样的?

礼的起源非常早。《说文解字》是东汉许慎所著的一本字典,是最早通过分析字形来解释汉字的书。这部字典是这样解释"礼"字的:"礼,履也。所以事神致福也。从示从豊,豊亦声。"所谓的"履",就是行;而礼,就是做侍奉神明、致福的事情。如何来做?《说文》上说:"豊,行礼之器

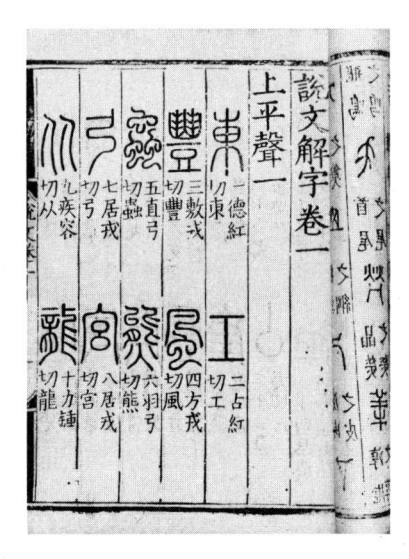

《说文解字》书影

《礼记·表记》有关孔子论"殷人尊神，率民以事神……周人尊礼尚施，事鬼敬神而远之"的记载。

也。从豆，象形。"王国维认为这个"行礼之器"是用来装盛宝玉奉祀神人的，于是奉祀神人的酒称为"醴"，奉祀神人的事也就都称为"禮"（礼）。古文字学家裘锡圭进一步分析认为，所谓"豊"，它的字形就像在鼓乐声中以玉祭享鬼神。

从古字形的分析，我们就能够了解"礼"作为奉祀神灵的规范性行为起源有多么早了。但如果"礼"仅仅与祭祀、宗教、神灵崇拜有关，那还远远不是周礼。传说周礼为周公所制，他是把过去"敬鬼神"的那一套隆重、庄严的仪式，加工和改造成了一整套用来处理等级社会人际关系的伦理规范体系。《礼记·表记》

中引用过孔子对三代的礼进行的点评:"夏道尊命,事鬼敬神而远之……殷人尊神,率民以事神……周人尊礼尚施,事鬼敬神而远之……"说的就是这个意思。

本来在原始的祭祀神明仪式上,主持人和参与者的位次、等次都会有严格的规定。周公制定的周礼进一步将这种严格规定扩大到社会当中的各个等级,要求贵与贱、尊与卑、长与幼、亲与疏,各有各的特殊行为规范。这种种行为规范涵盖了当时人们政治、社会生活的方方面面。礼,由此成为无所不包的社会生活的总规范,融习俗、道德、政治制度、经济制度、婚姻制度、思想准则为一体。其社会功能也扩大到了治国驭民、判断是非、纲纪人心等诸多方面,典章制度、礼节仪式、道德规范等都成为"礼"的基本内容。李安宅指出:"中国的'礼'字,好像包括'民俗'(folkways)、'民仪'(mores)、'制度'(institution)、'仪式'、'政令'等,所以在社会学的已成范畴内,'礼'是没有相当名称的:大而等于'文化',小而不过是区区的'礼节'。……礼就是人类学上的'文化',包括物质与精神两方面。"[①]正因为"礼"包罗万象,20世纪初,辜鸿铭才会因为外国人将中国文献中的"礼"译为"rite"(仪礼、礼仪活动)而大为恼怒,在他看来,中国的"礼"应当等于"礼节"+"礼貌"+"品行"+"仪式"+"礼俗"+"举止"+"仪

---

① 李安宅:《〈仪礼〉与〈礼记〉之社会学的研究》,上海人民出版社2005年版。

态"+"尊敬"+"规矩"+"谦让"+"德行"+……是无法用简单的英文词汇对译的。

由此可见,从周代以来,"礼"就拥有了广义和狭义两个层面的含义。广义的礼,包括了一系列的制度和行为规范在内,文明、文化为其意义的外延;狭义的礼,主要指礼仪、礼节、礼俗之类。根据先秦的礼书,当时重要的礼仪大体可以分为吉、凶、宾、军、嘉"五礼"。其中,吉礼是祭祀礼,凶礼主要是包括丧葬在内的一系列仪式和礼节,宾礼指交际礼,军礼在军事活动和征战时使用,嘉礼则是喜庆的成年礼和婚礼等。五礼有时又被归纳为"六礼""八礼"或"九礼"。社会各阶层人员通过遵守"礼"的规定,以求达到"明成人""合男女""仁父子""严鬼神""成宾主""合乡里""辨上下""睦邦交"的目的。

周礼号称"经礼三百,曲礼三千"(《礼记·礼器》),这一整套规范的要求是相当烦琐细碎的。例如嘉礼包括了饮食之礼,其中宗族内部的"私饮酒之法"规定,"异姓为宾,膳宰为主

《礼记·礼器》关于周礼号称"经礼三百,曲礼三千"的记载。

人，公与父兄齿。"(《礼记·文王世子》)清代学者褚寅亮《仪礼管见》卷六论及待客之礼："飨主于敬，燕主于欢，而食以明养贤之礼。"继而分述三者："飨则体荐而不食，爵盈而不饮，设几而不倚，致肃敬也。食以饭为主，虽设酒浆，以漱不以饮，故无献仪。燕以饮为主，有折俎而无饭，行一献之礼。"还有冠礼和婚礼。"男二十而冠，女十五而笄"，冠礼标志着贵族男女的成年，仪式上规定了筮日、筮宾、设洗、陈服器、三加冠、见母、赐表字、见家人和尊长、飨宴等繁复的过程。婚礼则有纳彩、问名、纳吉、纳征、请期、亲迎等六个主要程序。宾礼是诸侯面见天子之礼，不同时间朝觐，有不同的名称："春见曰朝，夏见曰宗，秋见曰觐，冬见曰遇，时见曰会，殷见曰同，时聘曰问，殷频曰视。"(《周礼·春官宗伯》)军礼包括大师之礼、大均之礼、大田之礼、大役之礼、大封之礼等。而凶礼最为繁复，包括了丧（哀悼、殓、殡、奠、馈、拜、踊、哭泣）、荒（减膳、撤乐）、吊（慰问）、禬（盟主对国土残破之国筹集财资，偿其所失）、恤（慰问、抚恤）等多种典礼和仪式。

这些重大礼仪的每一部分，都由繁复的仪式组成。比如诸侯及王官的册命之礼——受命于太庙或王庭，君主面南站在阼阶的西边，受命者在傧者的引导下进入，面北而站；史官朗读册命文书，受命者两次行拜稽首的大礼，接受册命文书而退。然后还要"反入堇章（返纳觐璋）。颂敢对扬天子不（丕）显鲁休"（见颂鼎铭文）。颂鼎铭文较为仔细地记述了当年礼仪的大概，大意为：在三年五月下半月的甲戌日，王在周地康邵宫。天刚亮，王到了

186 | 封邦建国的礼乐世界：西周

颂鼎（上海博物馆藏）及其铭文拓片

大厅里，坐定位置。宰引作为右者带领颂进入大门，站立于庭院中。尹氏将拟就的任命书交到王的手中，王命史官虢生宣读任命书。王的任命书上说："颂，命你管理二十家商贾，并监督管理新进的宫中用品。赏赐你黑色带绣边的官服上衣，配有红色饰带的大红色围裙，车马用的銮铃、旗子和马笼头。执行任务吧。"颂拜，叩头，接受册命书，带上出门，又再次返回，向周王献纳用于觐见的玉璋。为答谢和宣扬天子伟大深厚的美意，颂做了祭奠其死去的伟大父亲龚叔、母亲龚姒的宝鼎，用来追念孝思，祈求得到健康、深厚的佑助、仕途通顺、长命。祝愿颂万年眉寿，长做天子之臣而得善终。子孙后代宝用此鼎。

周礼的基本原则是"亲亲"和"尊尊"。亲亲，就是亲其所亲，强调血缘关系；尊尊，则是尊其所尊，强调的是社会政治关系。无论是亲亲还是尊尊，"等级"都是其中的基本原则。在血缘关系中，周礼强调宗子的地位、大宗和小宗的不同，政治关系上就是君主与臣下、长官与属吏、上级与下级的严格秩序。

"等级"的规定，贯彻在礼的各个方面。比如丧服的质地、服丧的期限，就根据血缘关系远近来进行规定。丧礼中有所谓"五服"，同一高祖的旁系血统都在此"五服"之内。古代丧服有五类名色：斩衰（cuī）、齐（zī）衰、大功、小功、缌（sī）麻。根据生者与死者的远近亲疏关系而穿着，从丧服的不同就可以看出血缘关系的远近与服丧日期的久暂。斩衰，是由最粗的生麻布制成，不缝边。穿这种丧服的往往是关系最为亲密的亲人：子为父，父为长子，未嫁女为父，妻妾为夫，为死者所服的丧期也长达三年（实则二十五个月或二十七个月），此外还要头上束麻带子（束首绖〔dié〕），"愁肠若结"，"持杖"，"哀毁骨立"。齐衰，由粗熟麻布制成，缝边整齐。如果是父死，子为母、母为长子，服丧期也是三年；而父在，子为母、夫为妻，服丧期就缩短为一年。另外，男子为叔伯父母、兄弟、长子以外庶子；已嫁女为母，媳妇为公婆，孙为祖，服丧期也都是一年。为曾祖服丧，服丧期五个月。大功，由中粗熟麻布制成，为堂兄妹等服丧，服丧期九个月。小功，用较细的熟麻布制成，服丧期五个月。缌麻，则用极细的熟麻布制成，服丧期三个月。

从社会政治关系来说，等级的规定在礼的各方面更是表现充分。礼书上说，就都城规模而言，天子都城方九里，有十二座城门，宫城方三里，有五座城门；诸侯国都城方七里，宫城城门三座；大夫采邑方五里，内城门两座。都城中有宗庙，天子七庙六寝，诸侯五庙三寝，大夫三庙，士一庙，庶人无庙。贵族死后，墓葬的规模大小、棺椁层数、附葬的车马数量、随葬品品类和数目，都会因身份、等级而有明显的差异。天子、诸侯墓有隧道；天子随葬车九辆，诸侯七辆，大夫五辆，士无随葬车；天子棺椁十重，诸侯五重，大夫三重，士两重；天子五棺二椁，诸侯四棺一椁，大夫二棺一椁，士一棺一椁。如此种种，不一而足。

在贵族的日常礼仪中，等级的标记也无所不在。比如，贵族平时飨宴或是祭祀，会使用礼器盛装食物。天子用九鼎八簋，簋中盛装黍稷，鼎中盛装"大（太）牢"，有牛、羊、猪、鱼、肉脯、肠胃、肤、鲜鱼、鲜腊等九种肉食；诸侯用七鼎六簋，肉食中减去鲜鱼、鲜腊;卿大夫用五鼎四簋,肉食再减牛、肠胃,称为"少牢"。士一般情况下只用一鼎,盛小猪;特殊场合下可用三鼎二簋,盛装猪、鱼和腊。这就是所谓的"列鼎而食"。出行的时候,所用车马的数量、车马的装饰,日常礼仪中用的玉等,都有明显的等级差别。"政治待遇"与人们的身份地位等挂钩,再加上其他制度方面的严格规定,由此构成了一个无所不包的严整礼制体系。孔子曾有言:"礼云礼云,玉帛云乎哉!乐云乐云,钟鼓云乎哉!"(《论语·阳货》)礼啊礼啊,说的就是玉帛啊!乐啊乐啊,说的就是钟鼓啊!正是通过玉帛、钟鼓这些器物的使用,礼乐制度构建和体现了社会各阶层的等级差别。

标志人等级、身份地位的"礼",到底有什么作用?《诗经·鄘风·相鼠》中吟道:"人而无仪,不死何为?""人而无礼,胡不遄死?"这明确表明,"礼"是标志每个人等级秩序的安身立命之本,是维护、巩固、发展社会关系和社会秩序的工具。古代还有一句话:"礼不下庶人,刑不上大夫。"这句话最早出自《礼记·曲礼上》,意思是说一般情况下,不会对贵族(大夫)施以肉刑,也不会要求平民全礼。这既说明贵族与平民之间的巨大鸿沟,也说明了礼与刑各自的适用范围。"礼"就是这样用以调节统治者内部秩序和关系的一整套手段及方法。只有每一个人都清楚自己的身份和地位,安于本分,不做违反自己身份、地位所要求的事,社会的秩序才能稳定。

由此我们可以了解,礼的文化体现了对秩序的重视。它包括四个层次:

一、它是规范的准则,涵括观念、行为和日用各方面,并且高度仪式化、程式化、制度化,形成"礼仪""礼节""礼制",又寓于教化之中被推向社会,形成"礼教"。

二、礼是修养和文明的象征。我们所说的"礼貌""彬彬有礼""使人以有礼,知自别于禽兽"(《礼记·曲礼上》),就是在这个意义上使用"礼"字。

三、礼是一种社会控制手段,而且在古代中国,还是进行社会调控最重要的手段之一。古人说"制度在礼","安上治民莫善于礼"。礼与法、俗、乐等相辅相成,构成"礼—法""礼—俗""礼—乐"等社会控制模式。西周王朝通过分封、宗法建立起一整套国家秩序,为了维护统治,不仅仅通过礼的要求对各级贵族进行约束,还制定了非常严苛的刑罚。西周时代的礼与法,都具有调整社会关系、巩固统治的作用,同样拥有国家强力的保证,两者并不能完全区别开来,但它们的调整目标各有侧重。孔

郑国青铜礼器窖藏坑出土礼器(战国,河南新郑市郑韩故城出土)。种类齐全,内容丰富,体现了郑国的等级制度及其礼制,也反映了当时的铸造水平。

子说："道之以政，齐之以刑，民免而无耻；道之以德，齐之以礼，有耻且格。"(《论语·为政》)《大戴礼记·礼察》上也说："礼者禁于将然之前，而法者禁于已然之后。"相比较而言，法律的做法是划定禁忌和底线，用惩罚来震慑百姓、惩治罪犯；礼则是积极的要求，告诉人民"应该怎么做"。人民只要在日常生活中符合礼的要求，就会避免违法和犯罪。从西周开始，礼法合一，伦理道德标准与法律规范相结合，逐渐形成了中国传统法制的精髓和本质特点。

四、礼还是一种社会秩序的表现，《管子·五辅》上就说："上下有义，贵贱有分，长幼有等，贫富有度。凡此八者，礼之经也。"正因为"礼"在古代有如此重大的意义，儒家的创始人孔子才会认为"礼崩乐坏"就等同于天下无序，是件可怕的事情。

乐，也是周礼的组成部分。贵族行礼的时候，必定要用乐。无论是庙堂之上的祭祀、朝聘，还是乡间饮酒、行射礼，莫不有乐相配合。一般的贵族需要学习"乐德"（中、和、祗、庸、孝、友）、"乐语"（兴、道、讽、诵、言、语）、"乐舞"和"乐仪"(《周礼·春官宗伯》)。其中"乐德""乐语"可能类似于今天的"音乐概论"，"乐舞"和"乐仪"则是教导在行礼时如何与"乐"相配合：前者在祭祀、射礼等仪式中进行，后者则要求"行以《肆夏》，趋以《采荠》，车亦如之。环拜，以钟鼓为节。凡射，王以《驺虞》为节，诸侯以《狸首》为节，大夫以《采蘋》为节，士以《采蘩》为节"(《周礼·春官宗伯》)。《肆夏》《采

编钟　　　　　　　　编磬

荠》《驺虞》《狸首》等，都是仪式上所用乐的名称，人们身份不同，用的乐也不同。

乐是礼的重要部分，因此它同样有等级性。首先，不同等级的贵族在用乐时有不同的规定。《周礼·春官宗伯》上有这样的规定："正乐县（悬）之位。王宫县，诸侯轩县，卿大夫判县，士特县，辨其声。"东汉经学大师郑玄提出，所谓"宫悬""轩悬""判悬""特悬"之悬，指的是编钟、编磬等悬挂于钟架上。这里其实说的是贵族施礼时使用乐队的规模。周王所用乐队人数最多，规模最大，在场地四面展开。诸侯以下，每低一等级的贵

《周礼·春官宗伯》有关"正乐县（悬）之位。王宫县，诸侯轩县，卿大夫判县，士特县，辨其声"的记载。

族，所用乐队就依次撤去一面，即诸侯布局三面，卿大夫布局两面，士只能布局一面。对郑玄的解释，后代学者也有不同意见。但这里表达的不同等级贵族用乐规定不同，大家都没有异议。

其次，不同的规格、不同的场合，演奏音乐的曲调和所使用的乐器也有严格规定。什么样的典礼仪式奏什么样的音乐，唱什么样的歌曲，都有严格规范。比如只有王、诸侯宴乐时可以用"金奏"，也就是钟鼓，其中天子宴乐时伴奏的曲目是《肆夏》，而诸侯宴乐的伴奏曲目是《陔夏》。在祭祀天地、神灵和祖先的典礼以及宫廷仪式上使用的音乐被称为"雅乐"，中正平和，严肃庄重，与一般的"俗乐"相区别。

不过，乐的最大作用还不在于区分等级。《礼记·乐记》上说："乐者，天地之和也；礼者，天地之序也。"一方面，音乐能够营造一种庄严、肃穆、安静、平和的气氛，感染典礼的各方参与者，使之感受到共同一体的和谐。在礼制强化等级地位、名分、秩序感的同时，共

《礼记·乐记》有关"乐者，天地之和也；礼者，天地之序也"的记载。

同感受的音乐则起到柔化和平衡前者可能带来的对立情绪的作用。于是在典礼音乐的感召之下，宗庙之中，君臣和敬；乡里之间，长幼和顺；家门之内，父子兄弟和亲，一派相敬相爱的和谐景象。

另一方面，因为乐为心声，"凡音者，生人心者也"（《礼记·乐记》）。统治者可以通过对于各地音乐的了解，

《礼记·乐记》有关"凡音者，生人心者也"的记载。

来体察当时当地政治的治乱——太平治世的音乐平和而且快乐，反映的正是其政和谐的状况；乱世之音哀怨且充满愤怒，表明当时政治乖戾，偏离正道；而亡国之音必定充满哀思，现实则是百姓困弊。聆听各地音乐起到了"观民风民情"的作用，也能使统治者自省和警惕。而且，因为乐为心声，最能付诸感性，感化人心，所以"移风易俗，莫善于乐"，有德之君就可以通过快乐而不放任、感人至深的音乐，引导百姓向善。

于是，"礼以道其志，乐以和其声，政以一其行，刑以防其奸。礼、乐、刑、政，其极一也，所以同民心而出治道也"。

(《礼记·乐记》）礼、乐、刑、政，都是统治者治理民众的基本制度，不可偏废。

青铜礼器

在中国古代，"礼"有很大一部分功能是用不同的器物来体现的。早期典礼祭祀所用的器物，多是一些简陋的陶、木、骨、石器制品。进入"青铜时代"后，统治者利用手中的社会管理职权，将大量青铜资源投入到相关礼仪活动中，逐渐发展出名目繁多、数量庞大、造型精美的青铜礼器，使之成为中国"青铜文明"最重要的物化象征。

夏商周时期的青铜礼器，种类多样，大多是根据礼典祭祀活动的需要铸造的，比如鼎俎之器用于祭祀时陈列牺牲，簠簋之器用于供奉五谷粢盛，爵卣之器用于敬献酒鬯，笾豆之器用

青铜圆鼎

于盛装菜肴,而钟鼓之器是为了祭祀时奏乐娱神,等等。虽然西周时期青铜礼器的风格与特征,较之商代有了不小的变化,但总体上还是延续了之前的器物类型,根据用途可以将之分为炊煮器、食器、酒器、盥洗器、舞乐器等几大类别。

炊煮器包括有鼎、鬲、甗(yǎn)等,是用于烹煮和摆放献祭肉食的礼器。

先秦时期祭祀时供奉牺牲,主要使用鼎和俎。古人祭祀最重要的活动,是要向神灵供奉牺牲:盛熟肉于鼎,陈腥肉于俎,以此来供奉祖先、上天和各类神灵。因此,鼎和俎在整个祭祀活动中总是居于中心位置。俎是切肉的案板,祭祀时常用它来摆放生鲜牺牲。而鼎是"三代"时期地位最高、使用时间最长的青铜礼器。龙山文化晚期,已有陶鼎出现。夏代已有铸鼎传说,但目前还未见实物。二里头文化遗址中出土多件陶鼎,其形制与后世青铜鼎非常接近。专家估计,它们很有可能就是当时青铜鼎的模型或仿制品。到商周时期,鼎已是当时普遍使用的青铜礼器了。

鼎的形制,有三足者,有四足者。三足者多为圆底,

青铜圆鼎

称"圆鼎";四足者多为方形,称"方鼎"。根据具体用途的不同,还可将鼎分为"镬鼎""升鼎"和"羞鼎"三类:镬鼎专用于烹煮牲肉,体形大而重;升鼎专用于祭祀活动中装盛牲肉(大羹)以供奉神灵,又叫"正鼎",是祭祀礼器的主体,根据所盛牺牲品类的不同,又分别有"牛鼎""羊鼎""豕鼎""鹿鼎"等专名;由于正鼎所盛大羹没有调味,因此要另外配备专门装盛调味品的"羞鼎"来作为陪衬。

鬲和甗,用来蒸煮祭祀时供奉的黍、稷、稻、麦等五谷粢盛。其中鬲是炊粥器,大口,下有三个像奶牛乳房一

青铜方鼎

西周早期卯邵甗(台北故宫博物院藏)

伯先父鬲（西周中期，陕西宝鸡市扶风县出土）

样的袋足腹。甗是蒸饭器，由上下部分组成，上体盛米，称为"甑"，下体鬲形，用来煮水，中间有箅隔开，功能类似今天的蒸锅。三代的青铜鬲和青铜甗，最早都见于商代早期。从墓葬情况看，鬲往往以偶数组合成组出现，一般与列鼎在同一座墓葬中出土，起"陪鼎"的作用；而甗则常与鼎、簋、豆、壶、盘、盂等组成一套完整的随葬礼器。

食器包括簋、盨（xǔ）、簠、敦、盂、豆、铺等，用于盛装献祭的食物、果品、腌菜和肉酱等。其中簋、簠、盨、敦，都是盛放煮熟饭食的器具，四者结构相似，都有盖有耳，有圈足或支足。但簋圆而簠方，盨为椭方形，敦为盖与底相合的球体或卵圆体。四者之中，簋的地位最高，西周时代的簋往往与鼎一道出现在祭祀、宴飨等隆重场合，其组合多以偶数为主。为了便于使用，祭祀前还要用小旗标志簋、簠中所盛的谷类品种。

盛放祭祀品的礼器还有笾（biān）豆。笾豆是祭祀时用于盛瓜果、肉酱之类杂品的器物，因此古人有"笾豆之实"的说法。笾与豆形状相似，都是高圈足的盘，多有盖。只不过笾是竹器，主要盛放瓜果鲜蔬；豆则有木、陶、青铜等质料，主要盛放菹（zū，腌菜肉）、醢（hǎi，肉酱）和饭粥等物。商周时期，只有贵族才有资格使用青铜豆。

酒器分饮酒器与盛酒器，前者包括爵、角、觚、觯、斝等，后者包括尊、罍、觥、卣、彝、壶、盉等（间或也有盛水者）。

其中爵是古代最重要的青铜饮酒器，被广泛应用于祭祀及宴飨场合，而且往往与觚、觯、角、斝等器组合出现，配合使用。它前有倒酒的流槽，称为"流"，后有尖状尾；中间为杯，一侧有鋬（pàn）作为提手，下有三足，流与杯口之间还竖着两根像蘑菇头一样的"柱"。

角是爵形无流且具两翼若尾者；觚的形制像现在的束腰花瓶，常与爵伴随出土；觯是乡饮酒礼上使用的一种饮酒杯，一般有扁体和圆体两种。斝是行祼（灌）礼时所用的酒器，也可用来温酒，它的形制与爵相近，有足有柱，但无流、无尾、无翼，一般与爵组合使用。

盛酒器中，以尊和彝最为重要。《周礼》中有"六彝六尊"，祼（guàn）礼用六彝，朝践（郑玄注《周礼》，谓"朝践"为"荐血腥"之礼）时再献用六尊。作为商、周青铜酒礼器中的大型或中型盛酒器，尊的形体多样，其中有一类鸟兽尊（牺尊），是祭祀专用盛酒器，往往被塑成牛、象、犀、羊、虎、驹、鸷、枭等走兽飞禽的模样，造型独特，栩栩如生。彝，又称"方彝"，主要流行于商代晚期至西周中期，形制呈长方形，有屋顶形盖子，看上去就像是宫殿的缩微模型。

堆叔簋（西周中期，陕西西安市长安区出土）。两侧铸有对称的双凤耳，方座四面饰有凤鸟纹。

伯多父盨（西周晚期，盛食器，陕西宝鸡市扶风县出土）

天盂（西周，陕西宝鸡市眉县出土）。盂内底有铭文十二个字："作宝盂，其子子孙孙永宝用。天。"天是族徽。

青铜簠

青铜蟠龙纹豆

镂空花座铺（西周中期，盛食器，陕西宝鸡市扶风县出土）

速盉（西周，陕西宝鸡市眉县出土）

青铜觯 　　　　青铜斝

青铜爵 　　　青铜角 　　　觚（西周早期，饮酒器，陕西宝鸡市扶风县出土）

铜方尊(西周初期,饮酒器,河南周口市鹿邑县出土)

陵方罍(西周前期,陕西宝鸡市扶风县出土)

日己觥(西周中期,陕西宝鸡市扶风县出土)

夔凤纹卣(西周前期,陕西宝鸡市出土)

盠方彝(西周中期,陕西宝鸡市眉县出土)

冓(qǐ)仲壶(西周中期,上海博物馆藏)

壶是一般的盛酒器，用来盛"三齐五酒"[①]；卣则是专门用以盛秬(jù)鬯[②]的酒器，它的形制像壶而有提梁，有长颈圆体、扁体、椭方体、筒体、方形和鸟兽形等多种样式。觥的形制一般为鸟兽形，有盖、流槽和鋬，圈足或支足。盉是专门盛玄酒（清水）以调和酒味浓淡的器皿，也可以用来盥沐，其形制像今天的茶壶，前有筒形斜流，后有鋬手，中间是容器。

盥洗器主要包括盘和匜。两者常常配合使用，出现在沃盥礼中：长者奉水，少者奉盘，盥毕受巾。

青铜舞乐器则主要指钟鼓类等打击乐器。在先秦时期，礼与乐是密切结合，不可分割的。当时的贵族，不仅祭祀时要举乐媚神，宴飨时举乐以体礼，行军打仗时也要举乐以行军政。因此，青铜礼器中，除了鼎、簋、爵、尊等食器和酒器以外，还有铃、铙、钲、钟、鼓、镈等多种青铜乐器。这些青铜乐器与其他各类乐器一道，被广泛应用于祭祀、燕享、外交、婚庆

叔五父匜
（西周，陕西宝鸡市眉县出土）

龟鱼纹盘
（商晚期，陕西榆林市清涧县出土）

[①] 根据酿酒时长和酒的浑浊程度区分出来的酒的不同类别。
[②] 一种用黑黍和香草酿造的酒，用于祭祀降神。

等礼乐场合。

商周时期，出现了成组的编铃，专门用于祭祀场合。铙，又名执钟，形体似铃而大，无舌而有中空之柄，柄上套木，方便手执敲击。据《周礼》记载，铙是古代军中用来止鼓退兵的乐器。但殷墟商墓中有成组铜铙出土，大小相次，可以与其他乐器相配合，应该是作为祭祀宴乐时的节奏性打击乐器。

青铜钟，是西周各种乐器组合中地位最为重要的。当时的钟有甬钟、钮钟和镈之分：斜挂者为甬钟，最为常见；直悬者为钮钟；镈形近钮钟，而形体特大。以甬钟为例，钟体呈两侧尖锐的合瓦形，钟口的截面像一枚叶片；口沿中间向内凹，呈弧状；钟内无钟舌，使用时，用木槌撞击或敲击钟身，才能发声。钟体的合瓦造型，可以演奏出一钟双音的奇妙效果：敲击钟体下部（古称"鼓"）口沿正中部位（"队"）或钟体两侧（"铣"），能够得到不同频率的乐音；而且正中的音和钟体左右的音可以单独击发，也可以同时击发，两个音不会互相干扰。不仅如此，钟的鸣箱部分（"钲"）有突出的乳钉纹（"枚"），可以有效地减少泛音频率，使钟声音质纯净、清晰。"枚"间还常常装饰花纹（"篆"），铭文则刻铸在钲的中部。这种双音甬钟的出现，反映了当时高超的乐钟铸造技艺，而它发音之准确、音域之宽广，更显示出中国古代"礼乐文明"所达到的先进水平——这在世界文明史上也是独一无二的。

晋侯苏编钟（西周晚期，上海博物馆藏）

西周时期的钟往往多件一套，按照大小次第排列成组，称为"编钟"。这样，只要使用数量不多的乐钟组合，就可以演奏出完整的音阶。编钟的组合数目，经历过一个由少到多的发展过程：宝鸡竹园沟㷒伯墓出土的三件套编钟，是目前已知年代最早（西周早期）的成套编钟；到了西周晚期，就有了八件套的编钟。随着编钟数目的增多，其音域也日渐宽广，西周晚期的编钟已有三个八度。春秋战国时期，编钟的数目组合更加庞大，著名的随县曾侯乙墓编钟，全套竟多

西周宗周钟

达六十五枚。

钟往往用于合乐。三代时期,与钟相配的重要乐器还有鼓和磬。周原有石磬出土,上面还雕刻有精美的花纹,制作相当精良。钟、鼓和磬,常常在庄重肃穆的祭祀或典礼场合作为主奏乐器使用,同时再配上各类弦乐器、丝竹乐器,达到合奏的效果。铙和镈,也都需要与其他乐器配合使用,其中镈可能是指挥乐队的节奏性乐器。《诗经·小雅·鼓钟》中有"鼓钟将将,淮水汤汤""鼓钟喈喈,淮水湝湝"的诗句,可以想象奏乐时钟鼓齐鸣的热闹场面。

发达的青铜礼器和乐器传统,是三代青铜文明的典型特征之一。古人常用"钟鸣鼎食"来形容礼乐并作的辉煌场面,的确是非常贴切的。西周青铜礼器与前代的最大差别,一是在纹饰上,二是在器物组合上。

商周青铜器多用动物纹饰,但商代及西周初期的纹饰夸张而神秘,兽面纹往往巨口阔目,狞厉可怖。而且在商代青铜器鼎盛时期,铜器上地纹、浮雕和浮雕上的花纹共同组成

铙

"三层花纹",纹饰显得繁复、细密。周代青铜器纹饰的发展则是从繁到简,从早期偏晚开始,风格就向朴素发展,晚期甚至出现素面、没有纹饰的青铜器。但是西周青铜器上大都刻有铭文,而且铭文的字数有增多的趋势。西周晚期的毛公鼎有近五百字,是现在所知的青铜器中铭文最长的一篇。西周时期的青铜铭文,或者追记祖先功业,或者记载天子赏赐册命,以此来显示使用者所获得的政治殊荣。马承源指出,周初的功臣贵族在灭商之前都是先周的一些小贵族或宗室子弟,青铜器上铸刻的周王任命和他们对王室贡献的铭文,是他们新地位和新职务的"证件",也是他们新权威的证明。同时,这些铭文与祭祀祖先相联系,是宗法制度的要求和点缀。既要追述祖先功勋,也要告祭祖先自己的新荣誉,具有"慎终追远"的功能,以加强自己在宗族内部的地位。[①]周原一带的西周遗址中,甚至还出土了多处贵族家族的青铜器窖藏,从所藏器的种类和数量来看,当时贵族家族对这些青铜礼

镈

---

① 马承源:《中国古代青铜器》,上海人民出版社1982年版。

器是非常重视的。不仅如此,当时许多铜器的铭文中都有"子子孙孙永宝用"这类的套语,表明贵族们多么希望这些青铜器能够世代相传,绝不只是满足生前彰显荣耀的需求。这也是西周青铜器常见的特征。

在器物组合方面,一方面,周人克商之后,吸取了殷人饮酒过度而招致亡国的沉痛教训,转而突出食器在祭祀活动中的地位,形成了以食器为主的"重食组合"模式。《尚书·酒诰》中反复告诫周人,要他们"罔敢湎于酒",甚至规定周人如果聚众饮酒闹事,要被处死。可见,"重酒"与"重食"这种物物组合上的不同,看起来虽然只是某个细节的变化,却反映出商、周两代统治者在治国思路上的重大差异。

另一方面,周代青铜器组合还起到标志身份、地位的作用。除了作为礼仪用具,西周青铜礼器的使用还体现着"礼乐"制度的核心原则,这就是强调社会等级制度。不同等级的人,社会身份和政治地位有着严格区分,他们祭祀时所用的器具也是不一样的。无论是规格还是种类,都有很多严格的"讲究"。不同身份、等级的贵族,所用青铜器的大小、数量都有严格规定,至于庶人,则只能使用陶制祭器。一般周代中小贵族的墓葬中往往只有一两件小型青铜器出土,不仅形制小、数量少,而且样式简陋,工艺较为低劣。而王室、诸侯及高级贵族的大型墓葬却往往有重型青铜器出土,而且数量庞大、工艺精美。

周人特别看重身份和地位的区分,所以在青铜礼器的使用上，也就发展出了非常有特点的"列鼎""列簋"制度。周礼规定，各级贵族在祭祀及各类大典仪式中所使用的成组青铜祭器，必须严格规定不同的数量、形制和大小，以符合各级使用者的等级身份与政治地位。大致来说，等级越高的贵族能够使用的祭器越多，享用的祭品也更多。具体到鼎、簋的使用上，鼎的组合以奇数为主，簋的组合以偶数为主，从高到低不同等级贵族所使用的鼎、簋数目，呈递减的趋势：周天子九鼎八簋、诸侯七鼎六簋、大夫五鼎四簋、元士三鼎二簋。①

列鼎、列簋制度的出现，是三代社会等级分化的必然结果。考古发现表明，这一制度的最终定型，大概是在西周中期，并一直沿用到春秋时代。目前所见最完整的诸侯级列鼎、列簋，出土于河南三门峡市西周虢国国君的墓地，总计有形制一致、大小不同的"七鼎六簋"，恰好与礼书所载的制度相合。但西周晚期、春秋时期，天子逐渐式微，礼崩乐坏，这一套旨在强调西周贵族等级秩序的用鼎制度，也就难以严格执行下去了。湖北京山市曾出土西周、春秋之际的曾侯列鼎，用的就是原先天子才可用的"九鼎"；而春秋时期，诸侯九鼎八簋甚至用十一簋，也不罕见，完全把以前的天子之制弃之不顾了。

以青铜礼器组合的不同类别来体现等级身份，在编钟、编磬

---

① 《春秋公羊传·桓公二年》何休注："礼祭，天子九鼎，诸侯七，卿大夫五，元士三也。"

虢季列簋

虢季编钟

虢季列鼎

等乐器使用方面，也是如此。前文已述，只有天子才有资格四面悬挂乐器，犹如四面墙，诸侯则去其南面乐器，作三面悬挂，而大夫可以在左右两侧悬挂，士只能在东面或阶间悬挂。由此可见，编钟等乐器在各类礼乐场合中的使用与悬挂方式，与使用者的贵族身份等级也是有着直接关联的。

《左传·成公二年》提到了一个故事。这一年，齐人攻卫，新筑人仲叔于奚救了卫孙桓子的性命，卫侯要赏给他邑落，仲叔于奚不要，却请求可以"曲县（悬）、繁缨以朝"，卫侯答应了他。所谓的"曲县（悬）"就是诸侯所用的"轩悬"，仲孙于奚以大夫身份，而希望僭用诸侯之礼，显然是不合适的。孔子听说后，曾感慨道："不如多给他些邑落呢。器与名，是君主独掌的东西，不可以随便给人的。名以出信，信以守器，器以藏礼，礼以行义，义以生利，利以平民，这是治理国家的最高原则。原则没有了，国家也就随之而亡了。"孔子在这里所说的"器以藏礼"，正道出了青铜礼器在三代社会中的基本政治功用。

祭祀和信仰

吉礼是周"五礼"之首，指的就是"事邦国之鬼神示"（《周礼·春官宗伯》），即祭祀之事。春秋时期是大乱世，但仍在强调"国之大事，在祀与戎"（《左传·成公十三年》），那么祭祀对于在它之前被誉为"郁郁乎文哉"的西周来说，就更加重要了。

周人的祭祀对象分为天神、地祇和人鬼。《周礼·春官宗伯》中对此有所归纳："以禋祀祀昊天上帝，以实柴祀日月星辰，以槱（yǒu）燎祀司中、司命、风师、雨师。以血祭祭社稷、五祀、五岳，以狸沉祭山林川泽，以疈（pì）辜祭四方百物。以肆献祼享先王，以馈食享先王，以祠春享先王，以禴（yuè）夏享先王，以尝秋享先王，以烝冬享先王。"这里面祭祀的内容，天神大体包括昊天上帝、日月星辰、风、雨之类，地祇包括社稷、五祀、五岳及四方百物，而人鬼主要是指先王。这个体系中的内容应该经过了逐渐的增补和综合整理，但从其分类的确可以看出西周鬼神祭祀的格局。①

既然祭祀在西周是如此重要，各种祭仪也就极为繁多。例如祭祀天神的时候，用燔柴之礼，当烟火袅袅上升，渐渐消散，就如同上天享用了祭祀一样。招迎九泉之下的祖先神，则用灌鬯之礼，酌酒浇地，酒香至地下。祭祀的对象不同，祭祀仪式也相应不同。

在整个西周鬼神祭祀体系中，天帝和祖先占据了最重要的地位。《中庸》有言："郊社之礼，所以事上帝也，宗庙之礼，所以祀乎其先也。明乎郊社之礼，禘尝之义，治国其如示诸掌乎！"意思是明了祭祀天帝和祭祀祖先的礼，治理国家就能"尽在掌握"。这两种祭祀为何有如此神奇的能力？

《周礼·春官宗伯》有关周人祭祀对象分为天神、地祇和人鬼的部分记载。

---

① 齐文心、王贵民：《商西周文化志》，上海人民出版社1998年版。

周人对至上神的安排与夏、商有所不同。商人观念中，上帝具有崇高的地位，能够控制天象和收成，能够发动、制止战争，能对王和贵族们降下福祸。周人将天奉为神祇，"天"可以主宰王朝的兴亡，可以选立君主，庇佑福祉或降下灾祸。它还是统治者道德的监督者，天意与民心相联系，"天视自我民视，天听自我民听"（《尚书·泰誓》），从而将统治者对天的崇拜与现实人世相联系，避免了纯粹的神权统治。

而在各种崇拜中，周人将祖先神的崇拜提高到主导地位。虽然天帝在信仰中地位最高，但是先王可配天受享，即所谓"克配彼天"——郊祀后稷以配天，宗祀文王于明堂以配上帝。而且在具体的祭仪中，天帝很少受享，于是先王的崇拜和祭祀也就高于一切了。周人的祭祖礼尤其繁复。他们的祖先崇拜和祭祀，是与宗法等级制度相联系的。礼书中说，祭祖有宗庙：天子七庙，诸侯五庙，大夫三庙，士一庙，庶人无庙。祭祀在寝进行。祭祀的物品：天子用三太牢（牛、猪、羊），诸侯用一太牢，卿用特牛（牛一），大夫用少牢（猪一、羊一），士用猪，庶人用鱼。天子和诸侯日常的祭祀一年有四次：春祠，夏礿、秋尝、冬烝。三年之丧结束后，在太庙中举行祖先合祭，称为"祫（xiá）祭"；第二年举行禘祭；以后每三年一祫祭，五年一禘祭。会盟、出师、远行等大事，事前和事后都要特意举行告庙仪式。而西周金文中出现了二十种祭祖礼：禘、衣、酌、祼、窨、告、御、叙、报、翟、禋、燎、又、牢、馈、尝、烝、闳等。其中有十七种与商代同名的祭祖礼，大多盛行于西周早期和中期,穆王以后,周人逐渐形成自己的礼仪系统。与商代遍祭先公先王不同,西周祭祀祖先没有超出三代的,这是由其宗法制度所决定的。周人还将禘祭改成祭祖大礼,祡礼不言祈求对象及具体内容,祭祀用牲推重红色(赤)、祭典用尸(祭主)和祝,这都是周人祭祖的独创之处。①

西周出土文物中,有大量青铜器是为祭祀祖先(文考、文祖、祖考)而铸,并且强调"子子孙孙永宝用(享)",就是后人要不断祭祀祖先、祈求降福,相信其祖先定会威灵保佑。

周人还非常强调祖先的道德形象,例如"文王之德之纯"(《诗经·周颂·维天之命》)。因此后人不仅需要祭祀祖先,还应该效法祖先之德,如大盂鼎铭文所言"井(型)廩(禀)于文王正德",以及册命金文中常说的"井(型)乃祖考"之类。在金文中,还有大量称颂自己祖先的句子,例如禹鼎铭文开篇即说:"禹曰:不(丕)显趄趄皇祖穆公,克夹召(绍)先王奠四方。"这不仅将祖先崇拜伦理化,还与现实统治的"德治"相结合。时王以此激励贵族,要效法其祖先对先王的忠诚,继续维护良好的君臣关系。

由上述内容可以得知,周人成功地将郊社之礼(祭天)和宗庙之礼(祭祖先)改造成了治理国家的基本制度和方法。

周人预测未来,使用龟卜和筮占的方法。《诗经·大雅·文

---

① 刘雨:《西周金文中的祭祖礼》,《金文论集》,紫禁城出版社2008年版。

王有声》上有武王通过龟占来确定营建镐京的记载:"考卜维王,宅是镐京。维龟正之,武王成之。"《尚书·金縢》上也说周公"乃卜三龟,一习吉"。文献的这些记录,得到了考古发现的证实。1977年,考古学家在周原遗址发现甲骨一万七千多片。

筮法,是用蓍草、算策来演算,从而预测未来的方法。传说商纣时期,西伯姬昌被囚羑里,推演八卦为六十四卦;也有传说称,早在夏、商就已经出现了类似后来《周易》的占筮书,夏代的称为《连山》,商代的是《归藏》。古人认为《归藏》与《周易》的区别,一是《归藏》的开篇"先坤后乾",而《周易》是"先乾后坤",二是《周易》在占筮原则上更推崇"变化",更加复杂。我们现在能在西周青铜器上看到一些奇怪的数字符号,多由六个数字相叠或由三个数字相叠而成,这其实就是数字拼成的卦画符号。虽然对于"文王演《易》"的真实性还不能完全确定,但是周人较多使用占筮法确为事实。①

---

① 张政烺:《试释周初青铜器铭文中的易卦》,《考古学报》1980年第4期。

第九章

城市与乡村

西周的城市

西周时期的城市主要是王朝都城和各诸侯国国都。其中王朝都城作为众城之首，它的性质、选址、规划、设计、建筑等各个方面都集中体现了当时城市发展的主要特征。西周时期存在三个都城：宗周、周和成周。其中宗周是西周先祖宗庙所在，周和成周分别是周王在西方和东方建立的政治、经济、军事领导中心。

宗周岐邑，在今陕西宝鸡市岐山、扶风两县北部交界处的周原遗址上，面积约十五平方公里。它位于关中渭河盆地西部渭北黄土高原上，背靠岐山，前临渭河，地势北高南低，地理位置非

陕西宝鸡市岐山县凤雏西周早期宫室（宗庙）建筑遗址

常优越。这一带土地平阔肥沃，气候湿润，物产丰富，是一个建都营邑的好地方。《诗经》上说，周文王的祖父古公亶父带领周人从外地迁到这里，开始大兴土木，营建城郭，定为都邑，奠定周人基业。等到文王迁都丰邑之后，这里仍然保留有周人祖先的宗庙，大批贵族在此聚居，周王常常在此举行大型的宗庙祭祀活动，使之成为西周的"圣都"。

岐邑虽然并非周王朝的行政中心，但它的政治地位很高。今天的周原考古也证明了这一点。这一地区的西周文化遗存非常丰富，相传自西汉以来，就不断有西周青铜器出土。1949年以后，考古工作者又在这一区域内的岐山县董家村、贺家村及扶风县齐家村、庄白村、召陈村、强家村等村落附近，发现了十多处青铜器窖藏、大量西周墓葬和不少铸铜、制陶、制骨、制玉等作坊的遗址，此外在岐山县的凤雏村和扶风县召陈村等地，还发现了大型西周建筑基址。这些都显示出周原在西周时期的重要性。

周，包括丰都和镐都，在今天陕西西安市长安区沣河的两岸，其遗址范围包括客省庄、马王村、张家坡、新旺村、冯村、洛水村、普渡村、斗门镇，以及昆明池故址一带。周文王时，自周原迁都于丰；武王克商前，又在河的对岸经营镐都。因为两地相隔不远，后人一般都把它们当作一处首都看待。周人灭商以后直至西周晚期，丰、镐一直都是周王的日常居住之所，金文中称之为"周"，是周人最重要的政治中心之一。西汉汉武帝修昆明湖，曾经对这一地区西周时期的历史遗存造成严重破坏，但经过今天的考古发掘，沣河两岸十多平方公里区域内依然发现有包括夯土台基、瓦当、墓葬、青铜器窖藏等在内的大量西周遗存。

成周洛（雒）邑，在今天河南洛阳市附近。据《尚书》等先秦文献记载，武王克商之后，周公、召公主持"营洛"，在这里修建"新邑"，作为周朝统治东方地区的行政中心。这座"新邑"的具体位置，大约在洛河、涧水和瀍水之间。周人在此建设新邑是大有深意的：在当时的地理观念中，该地位于"天下之中"，四方到这里的距离基本相同，便于王室掌握和控制新占领的东方地区；同时它又是"有夏之居"所在，据说夏人曾在此长期生活和居住；附近不远处耸立的"天室山"（即今河南嵩山），则是古人心目中的"通天圣山"。所以，周人营建洛邑，目的是"宅兹中或（国），自之辥（乂）民"（何尊铭文，意即在天下之中建都，在此治理天下之民）。其中既有现实政治上的考虑，也有"依天室而定天保"的强烈宗教意图，希望依托通天的圣山，获得上天神灵的福佑，以统治下界民众。

洛邑在西周时期，有着非常重要的政治及军事地位。这里是周王接见各地朝拜诸侯或接受四方纳贡之处，同时还驻有强大的常备军——"成周八师"。西周末年，周平王为避戎祸，迁都到成周，这里便成为春秋、战国时期周王都之所在。20世纪50年代，考古工作者在洛阳中州路一带发现了东周王城。虽然至今还未发现西周王城遗址，但在洛阳北窑等处已经发现了大批的西周墓地和大型青铜器作坊遗址。

西周都城之前一直没有发现城墙。从文献和金文记载的情况看，在这些都城里，周王拥有的宫室与贵族居址是共存一地的，在都城的总范围内，宫殿、宗庙、贵族与平民的聚居点和各种手工业作坊等分散分布，整个城市布局呈现松散的格局。

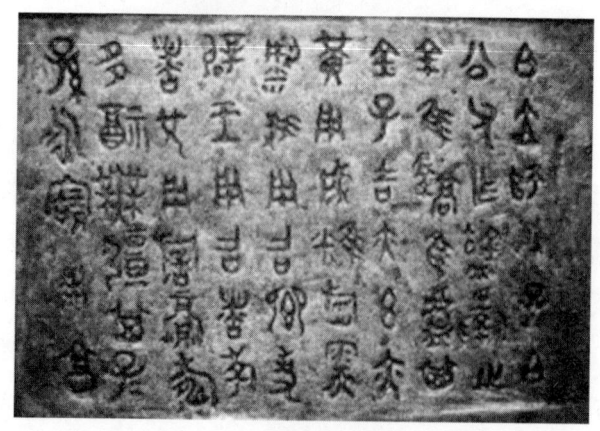

伯公父簠及底部铭文

裘卫鼎

周原遗址区，北以岐山为界，东至扶风县黄堆乡的樊村，西至岐山县祝家庄镇的岐阳堡，南至扶风县法门镇庄李村，东西宽约三公里，南北长约五公里，总面积约为十五平方公里。①学者大多以为这里就是西周的岐邑，也有人认为这片范围包括了岐周和莽京。②在这约十五平方公里的范围内，分布着许多西周时期的建筑基址的遗迹。除了已经发掘的岐山京当镇凤雏村西周早期宫室（宗庙）建筑基址和扶风法门镇召陈村西周中晚期大型建筑基址之外，从青铜器窖藏出土的情况看，在岐山县董家村、扶风县云塘村南、扶风县庄白村、扶风县下务子村也都分布有西周时期的建筑基址。如裘卫家族器、"伯公父"诸

---

① 陈全方：《周原与周文化》上编，上海人民出版社1988年版。
② 罗西章：《西周王盂考——兼论莽京地望》，《考古与文物》1998年第1期。

师同鼎及铭文拓片。师同鼎腹内壁有铭文七行五十四字。师同为器主名,官职师氏。铭文大意是:师同随从某大臣征伐鬼方,斩杀并俘获了一批敌人,得到车马五乘、大车二十辆、羊一百只等战利品,又将缴获敌人的铜胄、鼎、铺等铸成祭祀用的铜鼎,子子孙孙永宝用。

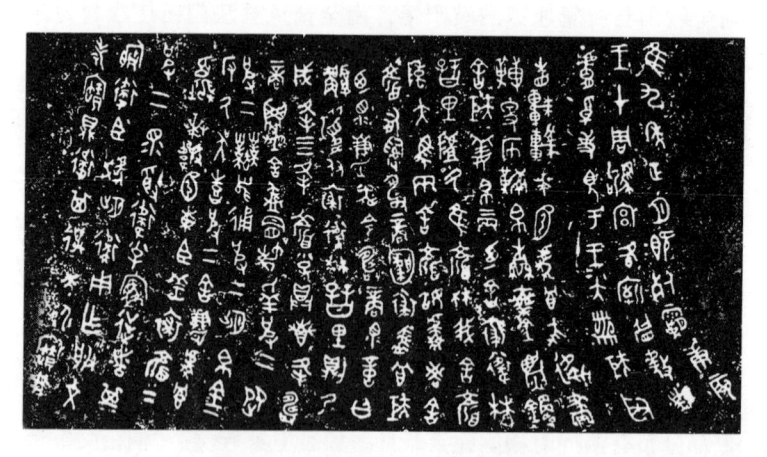

西周九年卫鼎(周原遗址出土)铭文拓片

器、微氏家族器、师同鼎和王盂等器的青铜器窖藏,都分别出土于上述西周建筑基址的附近。从遗迹判断,这些建筑应该是这些青铜器窖藏的主人所居住的宫室或使用的宗庙。至于凤雏和召陈建筑的性质,学术界现在还存在分歧,有的学者认为是王宫和周王宗庙性质,还有的认为只是贵族的宅院。① 但庄白村刘家组出土了一件王盂,自铭"王作蒡京中寝归盂",则在此地附近肯定有周王寝宫存在。② 由此考古证明,岐邑到蒡京的范围内同时分布着属周王的建筑和属贵族的住宅。陈全方总结说,在约15平方公里范围内,"东至下樊、召陈,西至董家凤雏村,是早周都城岐邑的宫室(宗庙)分布区。在扶风云塘村南至齐镇、齐家还发现西周的制骨作坊、冶铜作坊及平民居住遗址……在岐山贺家村四周、礼村北壕和扶风庄白村附近均为西周墓葬区"。③

宗周也是一样:"西安市沣河两岸的丰京和镐京遗址,亦是在一二十平方公里的范围内,于冯村、西王村、大原村、张家坡、客省庄、普渡村等地点,分散存在着各种西周遗址。"④

---

① 陈全方:《周原与周文化》上编,上海人民出版社1988年版。
② 李仲操:《王作归盂铭文简释——再谈蒡京为西周宫室之名》,《考古与文物》1998年第1期;罗西章:《西周王盂考——兼论蒡京地望罗西章》,《考古与文物》1998年第1期。
③ 陈全方:《周原与周文化》上编,上海人民出版社1988年版。
④ 俞伟超:《中国古代都城规划的发展阶段性——为中国考古学会第五次年会而作》,《文物》1985年第2期。

岐邑的周公雕像

而洛邑同样具有上述特征。考古工作者基本上确认了西周洛邑在今史家沟以东的瀍河两岸：东起瀍河以东一公里的焦柳铁路西侧，西至史家沟以东，北起陇海线以北的铁路分局、北窑村，南达洛水之滨的洛阳老城南关。在这片东西3公里、南北2公里的范围内，分布有大型手工业作坊、贵族墓地和平民墓地，还有包含殷遗民墓在内的居址、祭祀遗存、遗址和大道。[①]这种遗址分布既集中又分散的特点，正与岐邑、镐京的情况类似。

那么，西周都城真的没有城墙吗？2013年，陕西周原考古首次确认发现了西周晚期的城，东西长1500米，南北宽600多米，面积约90万平方米。城中发现十多处大型夯土建筑遗址。据说之前曾发现过这座城的南北城墙，这一次幸运地发现了城墙的西北

---

① 叶万松、张剑、李德方：《西周洛邑城址考》，《华夏考古》1991年第2期。

角和东城墙外的壕沟,终于确认早先的大型夯土墙为城墙。[①]这一发现,使得深埋地下数千年的周代古城终于重见天日,成为周原考古的一个重大突破。

然而新的问题接踵而至:这座周城是周王的宗周——岐邑吗?还是仅仅包括了宫室在内的宫城?又或是某位或几位高级贵族的居邑?城内如何布局,会改变原先对西周都城格局的看法吗?

与之前夏商都城遗址的规模比较,二里头遗址总面积约300万平方米,其中晚期宫城面积约10.5万平方米;偃师商城的外城占地近2平方公里,宫城约4万平方米;郑州商城总面积达25平方公里,宫殿区约37.5万平方米;殷墟总面积达30平方公里,宗庙区面积约70万平方米。[②]周原古城的规模已经不能算小,但其性质还有待进一步研究,也有可能与三代时期其他早期城市一样,它的城墙是起分隔和保卫宫室宗庙区作用的。在齐家沟东岸约1.1平方公里的范围内,考古学家新发现一个集中连片分布着六类六个作坊的"园区",不少陶器或石器上刻着"王"字。西周金文显示,有专属于周王王家的"百工",也有属于贵族家族的"百工"。这一片作坊园区很可能与王室有密切联系。这次考古调查还确认了墓地与零散墓葬点共七十七处,其中墓地六十四

[①] 《陕西周原遗址考古首次确认发现周城》,新华网2014年1月10日;陆航:《陕西周原遗址发现九座大墓——确认发现西周晚期周城遗址》,《中国社会科学报》2014年1月13日。

[②] 许宏:《先秦城市考古学研究》,北京燕山出版社2000年版。

处，绝大多数为西周墓地。考古学家发现，墓地数量虽多，但规模都比较小，而且很少有单纯的墓地，多数墓葬区与居址区混杂在一起，互相交错。这进一步说明当时周原地区聚居点非常密集。在这次调查中，考古学者还发现了四处大面积水池，四十多条沟渠遗存，很可能是服务于居住在周原区域的周王、贵族和平民的给、排水设施。这样看来，尽管发现了周原古城，但并不能改变考古学家对周原地区总体布局松散的认识。至于丰镐或洛邑有无城墙，目前还不得而知。但这两座都城总体布局的松散性仍是一致的。

作为都城，最为重要的建筑是周王的宫室。文献记载，根据功能，城中可能有宗庙、宫寝、明堂、太室、辟雍、大池等不同建筑。

周原京当凤雏村西南发现的甲、乙两组早周宫殿遗址，是迄今发现时代最早的"四合院"建筑，学者多认为是宗庙性质。周原所发现的另一处大型建筑基址群在距离凤雏建筑基址的东南约2500米的扶风召陈村，现已发掘出十五处建筑基址，显示这里是一处由多座基址构成的庞大建筑群。这组建筑群初建于西周中期，西周晚期被废。虽然它不像凤雏建筑基址那样自成院落，布局上也缺乏中轴对称，但在整个基址群外围不远处，环绕着一条宽10米以上、深约5米的壕沟，推测属于这一建筑群落的防卫措施；各房基址都是夯土筑成，其上分布着巨大的柱础；在基址堆积中，瓦的数量比凤雏基址更多，不仅有各式板瓦、筒瓦，还出现了半瓦当，甚至还出土了带有雷纹的墙壁装饰构件；另外，有些房屋基址上还有用卵石铺成的宽约0.5米的散水坡。

以周原遗址的F3房基为例，该房的夯土台基高出地面约0.73米，东西长24米，南北宽15米；台基之上由东向西有柱础七排，础径1米左右，最大础间距为5.5米，最小础间距也有3米。建筑学家认为，这应该是西周时期一座非常敞亮雄伟的高堂建筑，分为"中央大室""四旁"和东西两"夹"，中央有圆形的重叠屋顶，外观与北京天坛的"祈年殿"近似。有学者推测，该建筑就是传世文献中常说的"明堂"。

"明堂"是周代宫室建筑中规格最高的殿堂，既是天子听政、布政的地方，更是王权的象征。从召陈建筑群的规格及地位看，这种推测是有一定道理的。

1999年秋至2000年，在扶风县云塘村和齐镇交界处，又新发掘了一处由多座大型建筑组成的建筑群落基址，年代属西周

祈年殿

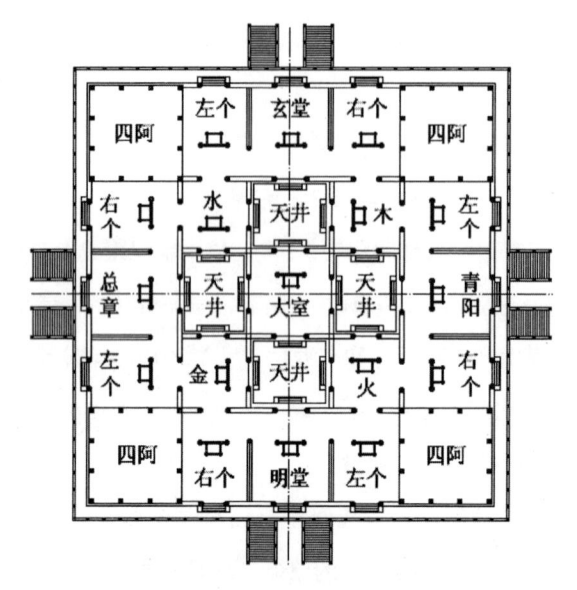

明堂结构图（采自《吕氏春秋通诠》）

晚期。这组建筑群落，大致可以F1、F4为中心，划分为两个建筑单元：

其中云塘发掘区共发现建筑基址五座，主体建筑F1，呈倒"凹"字形，东西长22米，南北宽15.5米（西端最宽处），东西向有七排柱础，南北向（两端）有六排柱础，南端的一级台基长20多米，四周环绕排成特定图案的鹅卵石散水坡。与其两侧的F2、F3，共同构成"品"字形的建筑群落。在F1中轴线正南面14米左右处，有另一座房基F8，两侧连接东西围墙，与前几座基址共同构成一个总面积超过350平方米的大型庭院，庭院中还有用鹅卵石铺成的"U"形石子路。

F4位于F1东侧50多米处的齐镇发掘区内，东西长23.8米，南北宽13.2至18.8米，有东西向柱础八排，南北向柱础七排，房间的面阔与进深，均比F1大。在F4东南和西南，各有夯土残基一处，F4南端12米处，残存一大型门塾建筑，门塾与F4之间是一处铺有"U"形石子路的大型庭院。

丰镐遗址

在F1和F4南侧庭院内的堆积中，均发现了大型青铜器和石磬的残块，以及精美的玉戈、玉柄形饰等玉器，表明该区曾是周人举行大型典礼活动的地方。1999年发现的西周建筑基址，规模上远比此前的甲、乙两处基址大得多，风格、形制也与前两处有所不同——它的考究建筑、严谨布局，都令人叹为观止。关于该组建筑群落的结构及性质，目前还处于探讨之中，但它的结构布局与《周礼》《仪礼》等古代文献中有关周代建筑和贵族礼仪活动的记载多有吻合之处。这对我们认识周代礼制的深层内涵无疑有着极重要的研究价值。

另外，周原遗址中还新发现了宽达10米的西周时期道路遗存，以及大型水井遗存。这些都为我们认识周原遗址的文化内涵提供了极为难得的新的考古资料。

除周原外，目前在丰镐地区也发现了大量西周中晚期的建筑基址。这些基址都坐落在一处高岗地上，沿沣水两岸分布，沣西有十四座，沣东有十一座。这片建筑基址的分布范围，东西长达3公里，南北宽2公里，可以想象，当时的建筑规模该有多么庞大！

在沣水两岸的这些建筑基址中，以5号宫室基址最具代表性。该基址坐西朝东，平面呈"工"字形，整个建筑都建在高高的夯土台基上，夯土最厚处可达5米。主体建筑的形状像一个扁扁的哑铃。从建筑结构上看，5号宫室有门、阙、左右塾和左右两翼的厢房，呈现门塾居中、厢房分列两旁、左右沿中轴对称的布局。阙是古代宫室常见的一种建筑形式，即在门的两边各立高柱。我们在5号宫室基址看到，它的门道两侧就建有两座高大的夯土台基，竟然比整个宫殿的台基还要高出4至5米，形成巍峨高耸的门阙。古人常在阙上建屋，用以观望和警戒。

5号宫室基址显示出西周的营造技术非常先进。它的墙体是先在夯土台基上挖出基槽，再逐层夯筑而成的，显得坚硬牢固。瓦的数量不仅多，而且种类丰富，有绳纹板瓦、带钉筒瓦及A字形槽瓦等。宫室内安有壁炉等设施，地面及墙面上都用白灰浆涂抹，厢房附近还有卵石铺成的散水坡。

5号宫室基址的总建筑面积有2800多平方米，远远超出岐山凤雏宫殿建筑的总面积。有学者认为，5号宫室基址的平面之所以呈现"工"字形，是因为该基址只是某一大型宫殿建筑群落的有机构成部分。而在该基址西侧50米外，正好是另外一座建筑基址——4号基址的所在。目前发现4号基址上现存有约80平方米的红烧土地面以及三个1米见方的巨大柱础。有学者认为，如果将4、5号基址联合起来考虑的话，这两处基址的建筑形制恰好与岐山凤雏西周宫殿基址形制布局接近。

这些建筑遗存，代表了当时中国古代建筑发展的最高水平。至此，中国古代建筑的两个主要特征已经显现出来：一是以木框架结构为主；二是以封闭院落为基本群体布局方式。任何建筑所蕴含的信息都会超过建筑文化本身。西周建筑的这些特征，正是周代"礼乐"制度的曲折反映。而另一方面，这些大型建筑基址所代表的宫殿宗庙遗存，是都城这种中国早期城市最为核心的内涵的外在表现，反映了西周王朝国家权力中心的本质特征。

除了王朝都城，地方诸侯的国都作为诸侯国的权力中心，也具有早期城市的性质。考古已发现的有山东曲阜西周鲁国故城遗址、山西曲村-天马晋国早期都城遗址、北京房山琉璃河燕国都城遗址等。这些封国遗址的面积，如曲阜鲁都和琉璃河燕都的面积都在5平方公里左右，与宗周、丰镐遗址的规模相去甚远。这既是西周时期王朝与地方诸侯实力的写照，也体现了周礼等级制度的要求。

城邑与乡野

西周都城的城垣或有或无,很可能与周人分封诸侯"以藩屏周"的做法有关系。春秋时期楚国大夫沈尹戌曾经说过一段话:"古者,天子守在四夷。天子卑,守在诸侯。诸侯守在四邻。诸侯卑,守在四竟(境)。慎其四竟(境),结其四援,民狎其野,三务成功。民无内忧,而又无外惧,国焉用城?"(《左传·昭公二十三年》)天子以四夷、诸侯为守卫,诸侯以四邻、四境为守卫,四夷安、诸侯安则天子安,四邻安、四境安则诸侯安。上自王朝都城,下至诸侯国都,似乎都没有建筑城防的必要。

尽管如此,周人还是建设了不少拥有城墙的聚落。周王向东方分封宗亲功臣为诸侯,这种分封就是一种武装殖民的事业。受封诸侯带领自己的族众、周王赏赐的官吏和武装,以及被分割的殷遗民的一部,不远千里,到达自己名义上的封地。仅仅是到达并不具有任何意义,事实上,这些新诸侯还要与当地土著反复斗争和融合,才能获得立足之地。在这种情况之下,筑城或是利用原有城池建立军事据点,进行自我保护并作为进一步开拓的基地,就显得尤为重要。青铜器班簋的铭文中提到,毛班率领自己的族众跟随父亲毛公讨伐东方的痦戎,并"出城卫"。可见"赳赳武夫,公侯干城"(《诗经·周南·兔罝》),确实是周人依凭城池对外进行征服的真实写照。

这些周人拓殖建立起来的城池,在分封之初,兼具政治和军事的双重功能。各国的都城——卫之朝歌、晋之绛、鲁之曲阜、齐之营丘……在担任本国政治中心的角色之前,首先都是进行周边征服的军事中心。《孟子·公孙丑下》说诸侯的城邑是"三里之城,七里之郭",也就是有两重城墙的防御设施,其中内城方圆三里,外城方圆七里。从考古资料来看,宗周、周和成周都还没有发现存在外郭的建筑,《释名》解释说:"郭,廓也,廓落在城外也。"很可能是还没有形成外城制度之前的定义。而琉璃河燕都遗址的城墙由夯土筑成,宽10米左右,现存北城墙829米,东西城墙各残长300多米,墙体内外有护坡,墙外还有护城壕。这样庞大坚固的防御工事,与周初召公北伐商纣之子武庚禄父到此,受命建国于商人旧势力之上的记载,是非常相称的。

  古文献中出现的城和邑仅是一种描述性的泛称。称"城",是强调聚落具有城防设施;称"邑",旨在说明这是居民聚居之地。而城邑是有等级和功能区别的。《说文·似部》"聚":"邑落云聚。"清代学者段玉裁解释说:"按邑落,谓邑中村落。""聚—邑—都",反映的就是古代聚落间的等级关系。而"城郭之域曰都"[1],"凡邑有先君之主曰都,无曰邑"[2],这体现了邑的功能分化。

---

[1] 《诗经·小雅·都人士》"彼都人士"郑笺,李学勤主编:《十三经注疏·毛诗正义》,北京大学出版社1999年版。
[2] 《左传·庄公二十八年》,李学勤主编:《十三经注疏·春秋左传正义》,北京大学出版社1999年版。

城或邑是周人的聚居点、居住区，那么城外或邑外又有什么呢？青铜器柞钟铭文记柞受命"司五邑甸人事"，甸，王田也。免簠铭文中提到"遦"，这个特定区域内分布有树林、池泽和放牧的草地（林、泽、牧）。遹盂铭文中还提到了"遂"。古文献记载中，王畿以距城百里为郊。郊内划分为若干乡，郊外则划分为若干遂。据称周王拥有六乡六遂，而大国可有三乡三遂。另有鄙，殷簋有"东鄙五邑"的说法，而先秦文献中"鄙"常与"都"对言，指边邑。金文中的"遦""遂"和"鄙"，很可能都是城邑周边地区的称谓。

《尔雅·释地》上又说："邑外谓之郊，郊外谓之牧，牧外谓之野，野外谓之林，林外谓之坰（jiōng）。"对于邑来说，周边土地不可能如同心圆般齐整地划分其功能；但如果我们放弃机械的理解，《释地》的解释也告诉我们，邑的周边土地往往包括耕种的土地（郊）、放牧的草地（牧）和作为边界标志的树林（林），两邑之间存在较广阔的空隙地带（坰）。西周青铜器倗生簋（又称格伯簋）铭文中提到"杜木"，正是作为土地边界的标志。直到春秋晚期，中原的郑国和宋国之间还存在六邑的"隙地"（《左传·哀公十二年》）。这些都说明《释地》的解释是有根据的。

城邑之外的广大区域内还分布着更多的小邑，"东鄙五邑"就是如此。这些邑的规模应该都不大，小到只有十户人家的"十室之邑"，大到也不过百户人家的"百室之邑"。一般情况下，邑的规模大概在三十来户，春秋时候齐国管仲改革就是

散氏盘

散氏盘及其铭文

散氏盘（西周中晚期，陕西宝鸡市凤翔区出土）铸有铭文三百五十七个字，记载夨人付给散氏田地之事。铭文中叙述夨国侵占散国后，双方进行和谈，夨国割了两块田地赔给散国。周王室太史参与公证。夨国派员十五人交地，散国派员卜人接收，双方协议立约，并由夨国官员立誓守信。最后由公证人周太史仲农将割地重画的地图送交夨王，太史留下副本存查。铭文末还有周太史仲农署名的款式。这是研究西周土地制度的重要史料。

推行"三十家为邑"(《国语·齐语》)。这些小邑恐怕更是为耕地、林地和隙地所包围。五祀卫鼎铭文中,记述了邦君厉要转让五块土地给裘卫,但铭文中只出现了四块田地,并且与散氏、政父和邦君厉的土地毗邻。还有一块田地呢?学者推测,这消失了的第五块田地,就是邦君厉特意转让出来让裘卫及其耕种者居住的"寓"。这一处新建的聚居点不会很大,但其最大的优点在于离新得到的土地很近,方便耕种。这个例子很好地说明了邑与田地的关系。[①]

我们大体得到这样的印象:西周时期的城邑并不仅仅局限在城垣的范围之内,还包括城外的大量耕地以及山林、川泽和放牧的草地等非耕地。而就都城所代表的早期城市而言,即使建有城墙,城垣的功能也多是作为宫室宗庙区的防御设施而存在。其余大量的居住区、聚居点、墓地以及手工业作坊都分布松散,聚居点之间常常有田地相隔,都城总体布局呈现一种"半城半乡的面貌"。[②] 傅筑夫曾经提出:"战国以前的城市,实际上都是些有围墙的农村,其主要作用是在政治和军事方面,而不在经济方面,亦即不是工商业发展和人口聚集的结果。"[③]

---

① 李峰著,吴敏娜译:《西周的政体——中国早期的官僚制度和国家》,生活·读书·新知三联书店2010年版。
② 许宏:《先秦城市考古学研究》,北京燕山出版社2000年版。
③ 傅筑夫:《中国古代城市在国民经济中的地位和作用》,《中国经济史论丛》(上),生活·读书·新知三联书店1980年版。

城乡差别与管理

尽管当时的城市仅仅是"有围墙的农村",城邑中的居住者很多也是耕种者,但西周所实行的"封建"制和宗法制,仍旧导致了高等级城邑内的居住者与一般邑落居住者的身份差异。

高等级城邑称"都",在古文献中又被称作"国",本义是指王城和国都;城外的边远地区被称为"鄙",也被称为"野"。都与鄙、国与野,不单是地理位置不同,居民身份也有差异,管理方式上也存在差别。

贵族生活在"国"中:诸侯及其亲属、大小贵族居住于"三里之城",而国人居住在城外之郊。被征服的外族和土著则居住在城邑之外,也就是在野中生活。郊、野,今天这两个词常连用在一起,作为城外区域的泛称;但根据刘熙《释名》的解释,郊与野虽然都指城邑之外,但还是有区别的,这体现在距离城邑的远近上:野位于距离城邑更为遥远的区域。这样的分区居住形式是周人封建拓殖的结果,也是周朝社会成员等级区别的反映。

居住于"国"中的居民,除了各级贵族,还有这些贵族家族中大量的较疏远的宗族成员,以及百工、商贾和其他一些居于社会下层的群众。他们被称为"国人"。这些人在政治和经济上与各级贵族既有联系,又存在对立。

由于宗法关系,国人与贵族存在一定的血缘联系,所以他们也是征服者的一部分,有姓氏,也拥有一定的参政议政的权利。《周礼》上说，关于"国危""国迁"和"立君"这三件国家大事，君主必须"询万民"，意思就是要向国人咨询意见。所以在西周晚期周厉王"专利"损害到他们利益的时候，国人群起攻之，把厉王赶到彘地去，还差点把太子杀了。厉王执政之前的齐国，胡公一派的薄姑人与献公一派的营丘人相争数十年，最后献公率领营丘人攻杀胡公而自立，营丘人就是所谓的国人。

国人平时务农，战时还有服兵役的义务。他们或者是贵族的后裔远亲，或者跟随贵族整族迁移而来，还保持着与旧有的农村公社相关的许多旧习，公社组织与军事组织合一，是周天子和诸侯国君们重要的武装力量。按照《周礼·地官司徒》的说法，军队的组织编制是按照"六乡"居民的乡党组织来进行的："五人为伍，五伍为两，四两为卒，五卒为旅，五旅为师，五师为军。"打仗的时候，他们要自备甲胄、盾牌等防卫武器，还要磨好戈矛的锋刃，准备弓矢，跟随贵族出征。① 所谓"周人百亩而彻"（《孟子·滕文公上》），后人对此说法不一。东汉学者赵岐认为这是指从国人耕种的百亩之中抽取十亩收成作为兵赋，也就是兵甲车马之费。这也是与国人承担作战义务相联系的。

此外，国人既与贵族有血缘关系，他们就可以接受一定的教

---

① 《尚书·费誓》。

育,《周礼》上说,要以六德（知、仁、圣、义、忠、和）、六行（孝、友、睦、姻、任、恤）和六艺（礼、乐、射、御、书、数）教万民,恐怕有一定的依据。国人还举行乡饮酒礼和乡射礼。前者既是"尊敬长老和加强团结的酒会",也是商定大事的"议会";后者具有军事教练的性质,还具有选拔人才的目的。①

那些居于距离城邑更远的野、鄙之中的居民,被称为"野人"。他们与作为统

《周礼·地官司徒》有关军队组织编制的记载。

治阶级的贵族没有血缘关系,多数是被征服的民众。贵族们的收入主要来自对野人的剥削,因此"周人的殖民营国也兼辟野"②,在城外一定范围的区域树立威权,以获得稳定的田土收益。所以,野人的义务主要是承担农业生产,供给"郊社宗庙百神之祀,天子奉养、百官禄食、庶事之费"(《汉书·食货志上》),还包括贵族祭祀时所需的牺牲及其他物产,

---

① 杨宽:《周代的社会结构和社会性质》,《先秦史十讲》,复旦大学出版社2006年版。
② 白寿彝主编:《中国通史》第三卷《上古时代（上）》,上海人民出版社1989年版。

例如鸟兽、草木、玉石之类，就像《孟子·滕文公上》所说，"无野人莫养君子"。有战事的时候，野中之人也被征发，但主要是随从去服劳役的，不会编进正式的军队。相对国人，他们的身份更低。

国人与野人的身份有差异，其权利与义务不同，王朝和诸侯对其管理的方式也有不同。《周礼》中提出，以城为中心，贵族对城外居民进行管理，有"乡"与"遂"的区别。在国外之郊，分设六乡，六乡之中，居民按照五家为比、五比为闾、四闾为族、五族为党、五党为州、五州为乡的层次组织起来，基本上还是保留了聚族而居的方式；在郊外之野，分设六遂，居民则以"五家为邻，五邻为里，四里为酂，五酂为鄙，五鄙为县，五县为遂"进行组织，已经完全以地域关系、邻居关系代替了血统关系。①

国人和野人，分别居住在城邑和乡遂之中，他们耕种的土地则分别属于他们所在的邑。《孟子·滕文公上》记述了这样一种称为"井田"的土地形态："方里而井，井九百亩，其中为公田。八家皆私百亩，同养公田。公事毕，然后敢治私事。"前人解释："公田"就是集体耕作的耕地，其收益最早是用于村社祭祀等公共事务支出的；西周的时候，这一类集体劳动则被天子、诸侯无偿占有，相当于"劳役地租"，文献中又称作"籍"法或"助"

---

① 杨宽：《周代的社会结构和社会性质》，《先秦史十讲》，复旦大学出版社2006年版。

法。"私田",是平均分配给各家的份地,分配标准是按劳动力平均分配,夏代的时候每夫五十亩,商七十亩,周则百亩。而且份地很可能实行"三年一换土易居"的定期轮换制度,目的是平均各家的劳动生产条件,使各家的劳动收益也相对均衡。西周时继续执行这种制度,主要是为了确保各家给贵族提供力役。① 樊树志提出,这样一种土地形态,具有"农村公社土地关系与领主土地关系的双重色彩"。②

学界对于《周礼》中的国—野、乡—遂采取如此规整划一的组织管理方式,以及孟子笔下如"井"字般整齐排列的土地形态,仍然存在不小的争论。③ 尽管如此,西周金文中还是给我们提供了一些线索,告知我们,西周时都邑和乡村的确存在不同的管理体制,且周人对邑的管理非常细致和全面。例如郑地,周王曾册命司土、司工(见免簠、免尊铭文),以及管马(见受簋铭文)、管理郑人的官员(见师晨鼎铭文)。这说明在周王的直接授意下,郑邑单独地存在一个类似"三有司"的官僚管理体系,其官员职司非常细致;而且郑司土管理郑地周边区域的林、泽、牧,暗示我们西周时期很可能存在按照距离城邑远近来划分土地功能的方法。周王曾对"五邑"官员进行册命,诸如管理"五邑走马驭人"(见虎簋铭文)、"五邑走马"(见元年师兑簋铭文)、"五邑守堰"(见

---

① 杨宽:《农业生产和土地制度》,《先秦史十讲》,复旦大学出版社2006年版。
② 樊树志:《国史概要》,复旦大学出版社2004年版。
③ 于省吾:《关于〈论西周金文中六㠯、八㠯和乡遂制度的关系〉一文的意见》,《考古》1965年第3期。

仲义父罍（西周晚期，上海博物馆藏）

养簋铭文）、"五邑甸人"（见柞钟铭文）等职司。这五邑，有学者认为包括都城丰镐、岐山、成周以及蒡京、郑地等在内。这是将"五邑"作为一个行政系统，但其任命官员仍是针对其中某一项军事或行政权力进行集中管理。相较之下，周人对乡村的管理可能就比较粗放一些，例如周王册命扬整体负责量田的农务、住屋、刍草、诉讼及工事（见扬簋铭文）。而令方彝、史颂簋中都出现了一个职官名称"里君"，很可能是邑中基层行政单位的管理职位。金文中还未发现周王册命里君的例子，不过，从九年卫鼎铭文分析，当贵族矩将自己名下的林地转让给裘卫时，有颜氏官员接受裘卫的礼物，并参与土地的划界活动。李峰认为颜氏家族"实际上代表了管理林甚的官僚机构"，当其所管理的里和林被转让，这个管理机构也改换自己的负责对象。[①]文献中记载

---

① 李峰著，吴敏娜等译：《西周的政体——中国早期的官僚制度和国家》，生活·读书·新知三联书店2010年版。

乡里组织有自己管理公务的"三老""里正""啬夫"等乡官,金文的这个例子,显然有一些类似之处。

鉴于现今的考古发现和金文资料仍十分有限,关于西周时期的城乡管理,还有许多细节值得继续研究。

第十章 西周的社会经济

农业的发展

西周时期的农业工具较之前代并没有特别的进步。现在中原地区所发现的当时使用的农具，大多数还是用木石、兽骨和蚌壳制成的。例如耒（lěi），是木质的双齿松土工具；耜（sì），是石制的宽头挖土工具。青铜作为一种特殊的资源，主要使用在贵族礼器和武器的制造上。有学者认为，青铜较少用于农具的制作，说明商周时期社会生产力的发达并不是由于广泛使用青铜农具的结果。也有学者不同意这种观点。如马承源指出，这一时期的青铜农具出土较少，一是因为它与奴隶主的生活没有直接联系，二是用坏了可以回炉重新制造，人们不会随意丢弃。所以，我们能够从考古现场发现的那些遗存的青铜农具，"只是出于偶然的机会"，并不能反映出当时青铜农具的应用程度。当然，青铜在当时是一种贵金属，铸造农具或工具不可能用优质青铜，只能是质量较差的青铜。[1]从文献记载来看，《诗经》中已

---

[1] 马承源：《中国古代青铜器》，上海人民出版社1982年版。

凤纹兽觥（商代晚期，容酒器，陕西汉中市洋县出土）

象尊（西周中期，陕西宝鸡市出土），象体肥壮，四足粗大，凸显力量

经出现了"钱""镈""铚"等带金字偏旁的农具名称,因而西周存在金属农具的可能性还是非常大的。其中,钱,即铫,是金属制作的用于翻土的工具;镈,是用于中耕的锄;铚,则是用于收割的工具。

西周时期的农作物种类较多,大体可以分为谷、豆、麻三类:谷类有黍、稷、粟、禾、谷、粱、麦、稻、秬等;豆类有菽、荏菽、藿等;麻类有麻、苴、苎等。湖北黄冈市蕲春县西周遗址曾发掘出成堆的粳稻遗迹。

耕种方面,人们已有较高的要求,周公就曾经多次以农事打比方,来说明治民应该如同耕作一样勤勉:"若稽田,既勤敷菑,惟其陈修,为厥疆畎。"(《尚书·梓材》)意思是治理田地既要开荒、修治、陈列,还要整理田界和田间沟洫。田垄的方向要根据地势和水流来确定,正如《诗经·小雅·信南山》上说"我疆我理,南东其亩","疆"是为田地疆界,"理"即为确定田地的沟垄。"滮池北流,浸彼稻田"(《诗经·小雅·白华》),说明当时周人已经知道人工灌溉;

玉牛头佩饰(西周,陕西宝鸡市出土)

"诞降嘉种,维秬维秠（pī）,维穈（mén）维芑（qǐ）"(《诗经·大雅·生民》),可见周人对于选种已经非常重视。当时的耕作方法主要是耦耕,即两个人相随进行,相互配合:前面一人松土,后面一人翻土起垄;或者一人刨坑,一人播种。

西周农夫对于各种害虫也有清楚的认识,《诗经·小雅·大田》中就有"去其螟螣,及其蟊贼,无害我田稚"的诗句,前人注释说"食心曰螟,食叶曰螣,食根曰蟊,食节曰贼",这正是对田间害虫的分类。农夫已经会采用光诱、火烧的方法来除掉它们,谓之"田祖有神,秉畀炎火"(《诗经·小雅·大田》)。

这一时期,周人对耕地实行轮作制。他们把土地分成一年的初垦地（菑田）、已经耕种两年的新田和已经耕种三年的熟田（畬田）,三年一周期进行轮作,要让熟田进行休耕,以保持地力。当时人们的农耕意识有了极大的提升,在出土的西周文物中还出现了崇拜牛耕的意象。

上述内容都说明,从农业工具、农耕技术、农田管理、农产品品种等方面看,周代都有了比前代长足的发展。这对于一个以农业立国的国度来说,是至关重要的。

手工业和商业

西周时期的手工业有很大的发展。文献记载中,周代政府组织中就有"百工"的设置:"国有六职,百工与居一焉。"(《周礼·冬官考工记》)当时手工业基本上是属于官营的,叫作"工商食官"。西周铭文也出现"百工"的记载,诸如"从司王家外内……司百工,出入姜氏令"(见蔡簋铭文),"司康宫王臣妾百工"(见伊簋铭文),"虢仲令公臣司朕百工"(见公臣簋铭文),其中既有属于王室的"百工",也有属于贵族大夫的"百工"。"百工"一词还常与"臣妾""仆驭"并称,说明他们的地位比较低,应该属于官奴婢一类的技术工匠。

西周时期的官营手工业主要包括青铜器制造、制陶、制骨、纺织等。其中采矿、冶铜和铜器铸造,不仅生产程序完整,而且是三代时期规模最为庞大的官营手工业。在夏、商、周三代,青铜如此重要,以至于张光直提出,三代都城的不断迁徙,其根本原因就是为了追寻青铜矿源。①

西周时铜矿开采的规模已经相当可观。1973年发现的湖北大冶铜绿山古铜矿遗址,其开采和冶炼的年代都是从西周开始一直持续到汉代。它的结构是竖井、斜井、斜巷和平巷相结合,矿工先从矿层表面开斜井穿到矿层底部,然后沿水平方向开平巷,向上回采。开采出来的矿石通过竖井向上运送,废石和贫矿回填采空区,就这样,直至开采到矿层的最顶层。矿井中有简单的排水系统,也会利用不同深度井口的气压高低差形成自

---

① 张光直:《夏商周三代都制与三代文化异同》,《中国青铜时代(二集)》,生活·读书·新知三联书店1997年版。

湖北铜绿山古铜矿遗址　　　　安徽芜湖大工山—凤凰山铜矿遗址

然风，来解决井下通风问题。①1984年，考古学家在安徽芜湖南陵县大工山发现古铜矿遗址群。该矿沿用的时间更久，从西周直至唐、宋，延续时间一千多年，是目前我国罕见的古采冶铜遗址群。在迄今发现的铜矿遗址中，其开采时间最早，规模最大，堪称中国冶金史上的奇迹。该处现存铜矿遗址总分布面积达四百平方公里，初步发掘各类遗迹六十六处，先后发现了测定为西周至唐代的炼铜竖炉十九座，采矿井和硫化矿焙窑四座，以及大批铜斧、铜凿等采掘工具和古陶瓷、冰铜锭、粗铜锭等。在这一区域内，围绕铜矿资源布局，山上开采，山下冶炼，形成四个相对集中的采冶中心小区，其中西周至汉代的江木冲炼铜遗址面积仅1.5平方公里，文化层厚度达2米，炼铜弃渣堆积总量50多万吨。②这些矿冶遗址负责采矿和冶炼，生产出来的铜锭、铜饼作为生产原料，通过水陆路运送到京城、各诸侯国或

---

① 《湖北铜绿山春秋战国古矿井遗址发掘简报》，《文物》1975年第2期；马承源：《中国古代青铜器》，上海人民出版社1982年版。
② 《南陵发现古铜矿遗址群》，《文汇报》1993年8月12日。

是贵族手下的青铜器铸造工场去。

当时，各诸侯国都能够在当地铸造青铜器。制造工艺和造型既有西周时期整体的风格，也有各地特色。这一点已经能够得到各地考古发现的证明。总体上来说，西周初期，"周承殷礼"，青铜礼器的风格与商代一脉相承：鼎的下腹微鼓，下接柱足或兽足，簋无盖；兽面纹（即饕餮纹）和夔纹比较常见；铭文一般运用肥笔，波磔比较明显。西周中期开始，青铜器呈现出自己的风格：兽足鼎流行，簋多有盖；鸟纹盛行，出现穷曲纹和重环纹，铭文字数增多，笔道波磔明显。西周晚期，鼎足流行蹄形足，簋的圈足下另增加三个小足；穷曲纹、重环纹、垂鳞纹、变形夔纹特别盛行；铭文笔画波磔不再明显，行款排列整齐，长篇铭文变得常见。整个西周时期，青铜器造型渐趋朴实实用，纹饰渐趋于简易，铭文字数不断增多，出现了例如盨、簠、匜、编钟等新的器类。

这一时期青铜器的制作效率也有了很大提高。用一个模子翻制几个新范，可以同时进行铸造，还能制出好几件形制相同的青铜器。这时的工匠还发明了焊接的技术，这样可以把诸如提梁、附耳之类的附件跟青铜器主体联结起来。

青铜原料除了铸造各种青铜礼器，也大量用于生产青铜兵器、工具和农具。西周兵器制造的规模十分惊人，这是装备强大军队的需要。青铜工具在各种手工行业使用非常广泛，如雕刻、建筑、车辆制造、纺织、制革等行业。而西周青铜农具的应用很可能也超出我们之前的想象。

西周原始瓷器的生产，也是官营手工业中的一大宗。这一时期原始瓷器的技术，得到更大范围的推广和应用。西至陕西宝鸡市岐山县，中原的河南鹤壁市浚县、洛阳市，北到今北京房山区，南至今江苏镇江市丹徒区、安徽黄山市屯溪区，都有原始瓷器出土。这一时期的原始瓷器有尊、簋、豆、盘、盂、碗、罐、盉、罍等，用高岭土烧制，胎质结构紧密，吸水率较低，釉色呈姜黄、绿、灰青色等。瓷器烧造的温度已达到千度，硬度较高。

西周时骨器、角器、蚌器、牙器使用非常广泛。在2013年周原新发现的漆木器作坊里，考古学者发现，周人当时就已使用蚌器来做漆木器上的装饰品。而从陕西沣西新城张家坡骨器作坊遗址的情况来看，骨器制作的工艺应该包括选料、裁料、半成品制作和精细琢磨等多个工序。西周的玉器制作也相当发达，用玉石雕塑各种动物以作观赏佩饰，十分常见。

《诗经·豳风·七月》中说："女执懿筐，遵彼微行，爰求柔桑"，"蚕月条桑，取彼斧斨，以伐远扬，猗彼女桑"。这里向后世展现了西周农夫采桑的画面，可以想见当时育蚕缫丝之盛。《诗经》中还出

作宝尊彝簋丙

现了大量对贵族华贵服饰的描写，这些都反映出当时丝织业的发达。贵族墓葬中所发现的西周纺织品有麻布、绢、锦等丝织品，多为平纹，也有山形斜纹，还有刺绣。周原地区出土过白、红、黄等颜色的丝绸残片，丝织品上染色与画色并用。①

作宝尊彝簋乙铭文拓片

传世文献上说西周"田里不鬻"，但事实上，这一时期商业已经比较发达。贝和金具有了等价交换物的货币价值。遽伯睘簋铭文载："遽伯睘乍（作）宝尊彝，用贝十朋又四朋。"亢鼎铭文记录了"公太保"用贝币购买玉器的事，用"才（财）五十朋"。三年卫盉中也记有玉器"瑾璋"的价格是"才（财）八十朋"。而商周金文中还有大量赐贝的例子。在河南鹤壁市浚县西周卫墓群中，出土

---

① 齐文心、王贵民：《商西周文化志》，上海人民出版社1998年版。

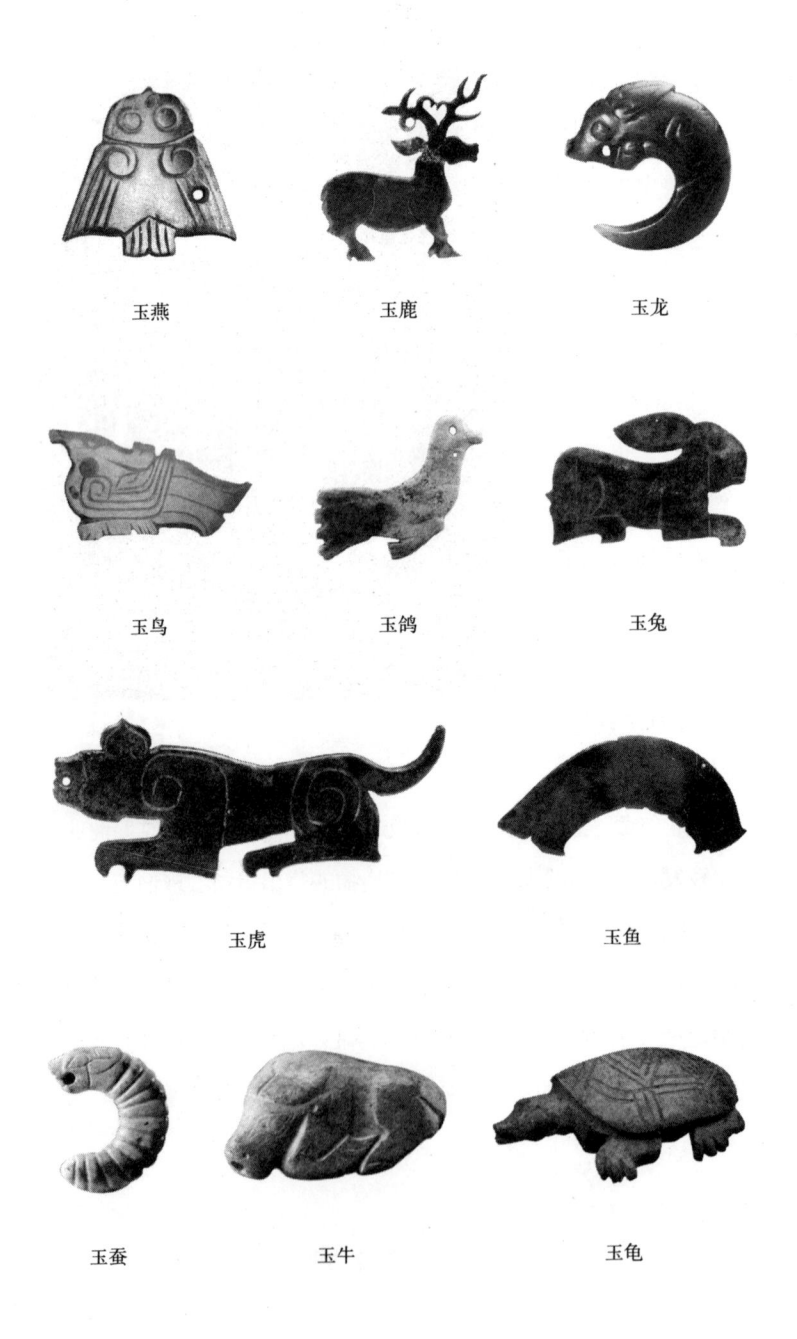

玉燕	玉鹿	玉龙
玉鸟	玉鸽	玉兔
玉虎		玉鱼
玉蚕	玉牛	玉龟

天然贝和铜铸贝共三千四百七十二件，显然是当作财货来陪葬的。贝用绳索相系，五贝一系，一朋为两系，也就是以十枚贝作为一个计算单位。金就是铜，西周金文中"赐金"也是非常普遍的，如"赐金一匀（钧）"（见䚦鼎铭文）、"赐金百锊寽（锊）"（也禽簋铭文）。钧和锊，都是金的重量单位。《说文》解释："钧，三十斤也。"郑玄注《周礼》："锊（lüè），锾（huán）也。"而百锾三斤。①

西周金文中还记录了不少交易的例子。比如矩伯为了获得价值八十朋的瑾璋，付出了田地十田（见三年卫盉铭文）；倗生用三十田，跟贵族格伯交换良马（见格伯簋铭文）。当时五名奴隶的价钱是"匹马束丝"（见曶鼎铭文）。这些涉及贵族间土地、人员交易的活动，大多有王朝官员介入。

《尚书·酒诰》提到有牵着牛车、从事长途贩运的商贾（"肇牵车牛，远服贾用"），金文中也出现了从事商业活动的齐人鲁（鲁方彝盖铭文："齐生鲁肇贾"）。为方便交易，西周城市中设有"市"。兮甲盘铭文上说：诸侯百姓包括淮夷百姓，进行交易，必须到市场上去（"厥贾，毋不即市"）；如果有不听从命令的，一律刑罚处置（"敢不用令［命］，则即井［刑］扑［扑］伐"）。由此可知，当时的市场交易是纳入国家的赋税管理体系的。《周礼》中提到的司市、质人、贾师等官员，其职司都与市场管理有关系。不仅如此，西周王朝对商人也进行管理，颂鼎铭文记周王册

---

① 丁福保编：《古钱大辞典》，中华书局1982年版。

命颂"令女（汝）官司成周贮（廛）廿家"，成周的商人直接接受颂的管理。这些商人也很可能是直接为王朝服务的。①《周礼》为不少官员设置僚属，其中都有"贾"一类的人员，比如大府、玉府、职币、典妇功、典丝、泉府、马质、羊人、巫马、犬人、庖人等。文献中说"工商食官"，是非常准确的。

科学技术

西周时期科学技术不断进步，表现在天文、历法、气象、农学、金属冶铸、乐律、医学等多个方面。

古代天文学的发展与"观象授时"、制定历法关系密切。周人对于恒星与星座的观察已经远超前代。比如火，又称大火，是心宿二、天蝎座 α 星。商人已经认识大火，而西周时期的记载渐多，并且为合理安排农事提供依据：《诗经·豳风·七月》上有"七月流火"的诗句，"火"就是大火星，意思指，七月时大火星逐渐向西方迁移、坠落（"流"）；《国语·周语中》说"火朝觌矣，道茀不可行"，"火见而清风戒寒"，"火之初见，期于司里"；《左传·昭公三年》也有"火中，寒暑乃退"的说法。大火星还是三代制定历法的重要参考："火出，于夏为三月，于商为四月，

---

① 彭裕商：《西周金文中的"贾"》，《考古》2003年第2期；李学勤：《鲁方彝与西周商贾》，《史学月刊》1985年第1期。

于周为五月。"(《左传·昭公十七年》)虽然三代岁建不同、月份有异，但借助大火星为历法参考都是一致的。

除了大火星，《诗经》中出现的星宿还有箕、斗、女、牛、毕、心、室、参、昴，《国语·周语中》又有房、角、亢、氐。对这些星座的认识，把二十八星宿这一恒星区划系统的形成推进了一大步。当时对于星体运动规律也有一定的掌握。比如《诗经·小雅·大东》记"东有启明，西有长庚"，其实就是叙述金星（古代称太白星）黎明见于东方、黄昏见于西方的情形。《诗经·唐风·绸缪》中说："绸缪束薪，三星在天……绸缪束刍，三星在隅……绸缪束楚，三星在户。"三星，东汉经学家郑玄注称是心宿，认为这首诗正是通过三星位置的移动，来表明夜晚时间的推移。西周时期仍然沿袭商代的"天干地支"计时。

西周历法以子月为岁首，确立自己的正朔。"改正朔"，也是后世每个新王朝立国之初必定要实施的一项有象征意义的工作。不过西周时仍然参用夏历，《诗经·豳风·七月》就是例证，这是因为夏历与农业生产最为契合。夏代历法已知制闰，晚商是年终与年中置闰并行，周代逐渐归于年中置闰。西周又创造了"月相"法，根据月球从初光到盛明、圆满，又渐亏至黯然的过程，将一月划分为几个阶段。西周金文中有"初吉""既生霸（魄）""既望""既死霸""旁生霸"等术语，文献中也有"朏""哉生魄""既生魄""望""旁死魄""死魄""既死魄"等表现时间的概念。对这些术语所标示的具体日期，研究者看法不一，大致有"四分"说和"定点"说两种解释。①

通过对朔望月逐渐准确地测定，西周后期渐渐以"朔日"为月首。张培瑜先生认为，这是历法的一大进步，从此进入推步制历的新阶段，也就有了天子"颁历告朔"的措施：每年岁末向各邦国颁发来年的月朔，王朝藏于明堂，邦国藏于本国太庙。每月朔日，国君到太庙朝拜并取出施行。②

由于资料的缺失，西周时期对于日、月食的记录并不多见，只有少量的记载，却都非常具体。比如《诗经·小雅·十月之交》就说"十月之交，朔月辛卯。日有食之，亦孔之丑"，记录了日食日具体的干支。《古本竹书纪年》有"懿王元年，天再旦于郑"的记载。"天再旦"，指天两次放亮，有人认为这是一次发生在早晨的日食，也有人认为这是一次日全食。对于"天再旦"的天象研究，成为夏商周断代工程中非常重要的一项内容。

周人非常重视农业生产，对与农业相关的一系列事物的认识也有很大发展。比如对影响农业生产的天气和物候现象的观测：当时已经知道月亮如果进入毕星宿，就会下大雨（《诗经·小雅·渐渐之石》）；冬天天空积满黑色的云层，就会下大雪（《诗经·小雅·信南山》）；蟋蟀在堂，岁末将至（《诗经·唐风·蟋蟀》）；而《诗经·豳风·七月》，更是罗列了各个季节和月份的

---

① 王国维主张四分说，见《生霸死霸考》，《观堂集林》第一册；定点说见许倬云《西周史·前言》列举。
② 张培瑜：《中国先秦史历表》，齐鲁书社1987年版。

虫鸣鸟叫、植物荣枯，以及相对应的农作生活。又比如对于土壤变化的认识——《国语·周语上》记录了虢文公劝说周宣王籍田的时候，提到自立春至二月初一，土壤中阳气蒸发，水分上腾，如果不加以翻动，让其输送，热气就会饱和导致灾情，农作物就无法生长的内容。此外，在农业上重视改良作物品种，重视种子的选择，等等，都是西周农业技术有所发展的种种表现。

采矿和冶铸技术也达到了相当的水平。采矿方面，周人进一步改进了井巷支护、掘进以及井下排水、通风、提升等技术。冶铸方面，周人使用鼓风熔炉，获得更高的炉温；一模多范，能够浇铸出多个器型、纹饰一样的器物，提高了生产效率；使用焊接法，使零件与器物的结合更加灵活方便；冶铸合金成分更加合理，含锡量高的锡青铜质量趋于稳定。

冶铁技术得到催生。周人利用陨铁制造铁刃铜钺，铁刃与铜体的接铸，已经兼用锻造和铸造两种工艺。西周晚期出现了铁剑。

西周青铜钟的创制，标志着多方面技术的发展。一是对乐钟形制、尺度、合金配比和组织的设计。编钟已明确构成大三度音程，每件具有两个基频，音响结构逐渐定型。悬挂的形制，也使得编钟得以发挥演奏技巧，推动了钟制的变化。[①]二是乐律的发展。《周礼》中"大司乐"官职的职掌之一，就是"以六律、六同、五声、八音、六舞，大合乐以致鬼神"。"大师"的职责中，

---

① 华觉明等：《中国冶铸史论集》，文物出版社1986年版。

更详细罗列了"六律、六同、五声、八音"的名目：六律、六同合称"十二律"，包括阳声黄钟、太蔟、姑洗、蕤宾、夷则、无射，阴声大吕、应钟、南吕、函钟、小吕、夹钟；五声包括宫、商、角、徵、羽；八音包括金、石、土、革、丝、木、匏、竹。

除以上列举的各项之外，西周时期，建筑、制车、医药、纺织等方面的技术也都有不小的发展。西周时代科学技术的进步，是中国早期文明的重要组成部分。

第十一章 内外危机与王朝覆亡

西周国家制度的隐患

成王、康王执政期间，是西周最兴盛的时期。《史记·周本纪》上说："天下安宁，刑错四十余年不用。"成康之后，西周王朝的周王世系如下：昭王—穆王—共王—懿王—孝王—夷王—厉王—宣王—幽王。穆王在位二十年，共王繄扈、懿王囏、孝王辟方、夷王燮相继即位。《史记·周本纪》对于西周中期诸王的评价是："昭王之时，王道微缺"；穆王之时，"王道衰微"；"懿王之时，王室遂衰"。可见王道一步步走下坡路。夷王时期，天子权威不再，甚至要下堂接见诸侯。（《礼记·郊特牲》）厉王时期，"国人暴动"，周王被赶到彘地，直到去世；宣王在位期间，王朝短暂中兴；公元前771年，在位十一年的周幽王身死骊山，国都被犬戎攻破，西周灭亡。

夏商周断代工程所公布的武王灭商时间是公元前1046年，自此时到公元前771年，西周王朝历十二代、十三王，享国二百七十五年。正如前文所述，西周建立之初，创制了一系列与时局形势相当的有效的统治制度，包括分封制、宗法制、礼乐制度等。随着西周国家的不断发展，原来适应当时局势的国家架构

史墙盘（西周中期，陕西宝鸡市扶风县出土）。盘内有铭文二百八十四个字。前段歌颂文、武、成、康、昭、穆、共王七人的重要业绩，后段记载了墙家七代的家族史。大意是说，在武王克商后，先祖入周为官，是王室心腹之臣，后裔世世继任周官。墙为赞扬祖先、祈求多福，特作此盘纪念。

虢仲盨

与制度也逐渐显露出隐患和弊端，政治上显现出混乱和动荡。其中既有王室内部的混乱、王室与诸侯之间的争端、贵族之间的矛盾，也有贵族与平民之间矛盾的逐渐激化。

2003年，陕西宝鸡市眉县常兴镇杨家村出土了有三百七十多字铭文的逨盘，上面记载了逨的家族在西周王朝的任职服务情况，其中"皇高祖零白（伯）"，服务于龚（共）王、懿王时期，而"皇亚祖懿中"，服务于考（孝）王、夷王时期。共、懿、孝、夷四王，在位总时间才相当于逨家族的两代，可谓短暂。

《史记》上说，懿王死，共王的弟弟辟方即位，就是孝王。孝王死，诸侯又拥立懿王的太子燮为王，就是夷王。孝王是共王之弟，很明显，按照西周嫡长子继承的制度，他本没有资格成为周王。这个过程中到底发生了什么？参照后世王位继统混乱必然造成国事混乱的规律，这个过程不太可能是平静和安稳的。

多友鼎及其铭文。多友鼎(出土于西安市长安区斗门镇下泉村),铸于西周厉王时期。腹内壁铸铭文二十二行,二百七十九个字,记载了西周厉王时期反击狁侵犯的一场战争。

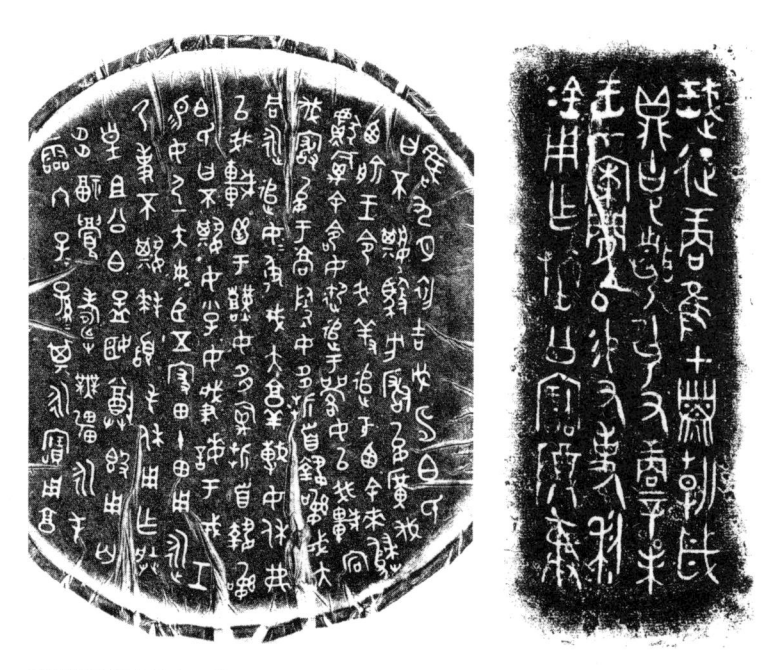

不娶簋及器内铭文。关于"不娶簋",据史学家考证,是周宣王时秦庄公"娶"的器物。

这一时期周王与诸侯之间的良好关系也遭到了破坏。齐国是西周初期成康分封过程中最重要的功臣封国,其君姜尚在武王克商过程中为周人立下汗马功劳。五年师旋簋铭文中记载某位周王在位第五年的九月壬午日,命令师旋进攻齐国。学者多认为此事与周夷王三年"烹齐哀公于鼎"的事件相关。《史记·齐太公世家》上说,周夷王时候,纪侯进谗言,夷王就把哀公烹杀了,改立哀公之弟静为齐国君主,是为齐胡公。但哀公的另一个弟弟山不服,就杀掉胡公自立为齐君,这就是齐献公。献公即位,就把他兄长的儿子们都驱逐了,并且迁都临淄。这件事肯定会引起周夷王的不满,夷王很可能因此发兵攻打齐国。但齐献公的统治延续至周厉王时期,这或许说明,周夷王的干涉最后并未取得实质性的成果。当然也有学者认为,五年师旋簋所记,其实是周和淮夷在齐国的战争。①

王室与诸侯的矛盾更大规模的爆发,要到春秋时期了,但在西周中晚期就已经能窥见端倪。周王通过分封诸侯来实现对广袤区域的统治,而分封最重要的特征就是给予地方诸侯高度自治权。当周王实力能够"罩得住"各路诸侯的时候,他对各地的统治意志可以借助诸侯的统治来实现;但周王实力下降,尤其是军事实力下降后,对诸侯坐大鞭长莫及,"溥天之下,莫非王土;率土之滨,莫非王臣"(《诗经·小雅·北山》),就真的成了仅

---

① 李凯:《五年师旋簋蠡测》,《华夏考古》2010年第2期。

仅停留在书面上的想象了。后世总有提到"上阵父子兵"、要依靠分封宗亲才能藩屏中央权力的建议,殊不知,随着时间推移,诸侯、贵族在宗族结构中的位置会越来越远离大宗主干,就像俗语里说的,成了"八竿子打不着的亲戚",怎么可能纯粹依凭着这越来越稀薄的血缘关系来扶助主干呢?依靠血缘宗法、分邦建国来统治国家,这制度先天就具有难以避免的缺陷和隐患。

分封,重点在"分"。周王原先是以分享权力和土地的方式来换取诸侯及贵族对王室的支持,除了分封诸侯,整个西周时期,周王还持续地封赐公卿大夫采邑或是田里。用于赏赐的土地都来自周王直接进行行政管理的王畿地区。问题在于,随着王畿内可供赏赐的土地越来越少,支撑王室财政的来源不断受到削减,王室财力何以为继?根据康王时期的周公簋铭文,周王可以将丰京附近的土地分封给荣伯;昭王时期的殷簋铭文记载,周王赏给殷的采地就在畿内。等到西周中晚期,周王赏赐给卯的就成了四处土地(见卯簋铭文);赏赐膳夫克的田地地点就更加分散,居然有七处之多(见大克鼎铭文)。周王室能够用于赏赐的土地越来越零碎,说明西周中晚期王室土地已经相当有限了。李峰说:"毫无疑问,倘若周王一如既往地赐予土地,那么周王室的经济,继而整个西周国家的国力就不可避免地走向衰退。这就是西周必然走向衰亡的根本原因之一。"[①]

[①] 李峰著,徐峰译:《西周的灭亡——中国早期国家的地理和政治危机》,上海古籍出版社2007年版。

在此过程中，显然发生了剥夺或变更一些原有贵族田地的事件。比如克所受赐的土地中，有原先属于井氏家族的（见大克鼎铭文）；而大簋铭文所记的大受赐的土地，则是周王把原属贵族趣𦙂的"里"改赐给他的。从这些铭文中首先看到的是周王对贵族还拥有很大的权力；但从另一个角度来看，这也说明王室非常努力地调配资源，以持续对贵族赐地。问题是，以恩惠来维持贵族忠诚，一旦贵族得不到更多的土地，其对周王室的忠诚何以为继？王室对贵族的控制也会越来越困难。

从金文材料看，在西周中、晚期，西周王朝君臣体系在两个方向上发生变化。

一是君臣体系各层级的内部关系得到加强。王臣拥有自己的臣属，本是相当普遍的现象。但西周中期以后，君臣体系层级间的支配关系基本隔断，而各个层级内部的支配关系得到了加强。

君臣体系层级之间支配关系的隔断，其影响主要是对周王而言。西周早期，在某些场合，周王还可以对王臣之臣（陪臣）[①]进行命令或赏赐。这种场合，陪臣应该对自己的君主，以及君主的君主——周王，分别表达自己的感恩戴德之情。就像献簋铭文所记的那样，作为毕公槱伯的家臣，献在槱伯朝见周王的时候，也获得了周王的赏赐。于是在铭文中，献不仅表达了对毕公的忠

---

① "臣之臣"是为"陪臣"。《左传·僖公十二年》杜注："诸侯之臣曰陪臣。"服虔注："陪，重也。诸侯之臣于天子，故曰陪臣。"《礼记·曲礼下》解释说："列国之大夫，入天子之国，曰'某士'；自称曰'陪臣某'。"

心，也对周王表达了感激："十世不忘，献身在毕公家，受天子休。"① 而就现在所见金文中，西周中期之后，类似的记载不再出现。即使是来自周王的赏赐，也是由各层君主予以班赐。如孟簋记"毛公赐朕文考臣，自厥工（功）"，效卣记"王赐公贝五十朋，公赐厥涉（世）子效王休（好）贝廿朋"，都是如此。效因此还说："效对

献簋铭文

公休……乌乎，效不敢不迈（万）年夙夜奔走，扬公休，……"②表达的是对公的感激之情。即使是攻伐献捷这样的大功，周王的赏赐也不直接赏给陪臣。例如多友献捷于武公，武公献捷于王；王赏武公，武公再对多友进行赏赐（见多友鼎铭文）。

---

① 献簋制作的年代，郭沫若定在昭王时，陈梦家定为成王时。可参照郭沫若《两周金文辞大系图录考释》，陈梦家《西周铜器断代（二）》。
② 这样的例子在西周早期现只见一例："懋父赏御正卫马匹，自王。"（见御正卫簋铭文），而对于其中"王"的解释，学者们意见还不统一。其中还有以此为地名"王城"的。

周王不再直接对陪臣一级进行命令或赏赐,此命令和赏赐的权力也就落到了陪臣之君的身上。而与此同时,类似春秋时期"陪臣不执国命"的观念或许也在慢慢形成。这些都使得天子以下各层级君主的权力大大加强,周王的命令需要通过几个层级的君臣辗转相命,才能得到最后执行。在辗转的过程中,周王权威无疑受到了削弱。

二是君臣体系的层级发生变动——原本没有君臣关系的王官系统内部的上下级之间产生了新的"君臣"层级。本来在王官系统,周王可以任命包括下级僚属在内的各级王朝官员,也就是说,王官系统的各个层级大都是由周王直接册命、应与周王建立了直接君臣关系的王臣。然而,西周中期以后,在职务有统属关系的上下级之间,逐渐出现了较为明显的臣属关系,伊藤道治将之称为"私臣化"[①]。这意味着原本是上下级职务间的公共关系,现在却变成了个人之间私人化的人身依附或隶属关系。比如,柞是受周王册命"司五邑甸人事"的王官,铭文中不感激周王,却出现了感恩其上级官员仲大师的语辞("对扬仲大师休"),明显地"受职公堂谢恩私门"。如此一来,职务关系变成了君臣关系,本来直属周王管理和控制的下级王臣变成了高级长官的私臣,"只知有君,不知有王",对周王权威无疑会产生巨大的负面影响。

---

① 参见伊藤道治:《中国古代王朝的形成——出土资料を中心とする殷周史の研究》第二部《西周史の研究》,创文社东洋学丛书1975年版。

第十一章　内外危机与王朝覆亡 | 277

孟簋及其铭文拓片

而西周晚期,王臣系统中出现了专权擅行的权臣。研究者发现,"周人早期诗篇多歌颂先公和时王,而宣王时的诗篇则多为诸侯大臣的赞美"①。《诗经》中,如《崧高》以巍巍四岳衬托甫侯和申伯,《烝民》大肆形容卿士仲山甫出行的气势,还赞美他"衮职有阙,维仲山甫补之"。

权臣的出现对王权产生的消极影响是显而易见的。在文献中,最为著名的例子即是厉王时"好专利而不知大难"的荣夷公。《国语·周语上》记厉王因为任用荣公为卿士,荣公专权,结果"诸侯不享,王流于彘",直接导致厉王失国。而西周青铜器毛公鼎铭文记载的毛公、番生簋铭文记载的番生,同样也是权力高度集中,将早期由卿事寮、太史寮两大官署分领的职权集中于一人之手,甚至还加上了"公族"和王宫内务。原本职务卑微的膳夫②,由于与周王接近、靠近权力中心的缘故,也渐渐拥有了较大的权力。西周晚期的膳夫克,不仅受王大量封赏,还接受王命专司"出内(人)王令"(见大克鼎铭文),仿佛后世的钦差大臣一般。

权臣的出现,自然会损害周王的权威;但细究到底,权臣的出现还是周王信任和扶助的结果。西周立国,"布赐施利""导利而布之上下",是以"分享"的方式获得诸侯和其他贵族的支

---

① 晁福林:《夏商西周的社会变迁》,北京师范大学出版社1996年版。
② 《周礼·天官冢宰》"膳夫"条曰:"掌王之食饮膳羞,以养王及后、世子。"善夫山鼎记周王册命善夫山"官司饮献人于㬱,用乍(作)宪司贮",其职司亦与饮食有关。

西周善夫山鼎銘文

持。权臣则破坏了"勿专利"的"周道"。周王对此不但不能禁，还予以推波助澜，怎不引起贵族们的恐慌？《诗经·大雅·瞻卬》说"人有土田，女反有之。人有民人，女覆夺之。此宜无罪，女反收之。彼宜有罪，女覆说之"，正是贵族对原有地位、原有利益、原有秩序发生变动时发出的怨声。由此可见，上述变化无疑使得周王统治所依靠的基础力量受到严重威胁，乃至有发生动摇的危险。

可见，仅从君臣关系的稳定和变化情况来看，周王朝的王权在西周中晚期就已经显现出衰微了。

西周的地理格局和军事危机

学者指出，西周的国家地理格局也暗藏危机。

西周王朝有两个中心：一个是周人的家乡、王朝的政治中心所在，位于今天陕西中部的周原、丰镐一带；另一个是武王克商、成王东征之后建立起来的"天下之中"洛邑。李峰说："西周的权力中枢全在于一条横贯东西的交通运输线上。这条运输线从豫西艰险的重峦叠嶂中穿行而过，将丰镐二京和东都洛邑（或成周）各自所在的渭河平原与洛河谷地连接起来。距离这条中轴线不远的地方还分布着其他地理单元，如甘肃东部的泾渭上游以及晋南的汾河谷地；它们也有着重要的政治和军事意义。上述地区分布在西周国家的中部及其以西的地区，受到周王朝王权兴衰的直接影响，从而也成为西周晚期的重要历史舞台。"[①]

这样一个政治地缘空间，以东西两都为中心、分封各路诸侯以维持广袤区域统治，在当时的历史条件下，周人的做法可谓苦心孤诣。但其中隐藏着致命的危险——丰镐的位置过于靠近西部边界，泾河上游的族群始终蠢蠢欲动。东方的淮夷和南方的荆蛮也是周的敌人，但东方分封了众多的封国，淮夷、荆蛮要西进、北上，旷日持久，且难以迅速威胁到洛邑成周。但发生在西部王

[①] 李峰著，徐峰译：《西周的灭亡——中国早期国家的地理和政治危机》，上海古籍出版社2007年版。

畿的战斗则不同,任何一次外敌入侵都会直接威胁到京城的安危,每一场战役都有可能演变为王朝生死战。对西周造成最直接的一下打击,导致其灭亡的入侵就来自于此。

成、康构建起大地域王朝国家之后,历代周王都在不断地应付东、西、南、北的各方威胁。西周中期以前,国力尚可,昭王、穆王采取了积极主动出击的方式。

昭王多次对南方发动战争,这一时期的青铜器过伯簋、史墙盘,都记载了昭王讨伐荆楚的事迹。春秋时期,齐桓公、管仲带兵与楚国对峙,指责楚国的理由中就有一条"昭王南征而不复",暗指周昭王南征不返,与江汉流域的楚人有关系。昭王南征失败,终结了西周早期的扩张时代。从此,周王朝对长江中游地区的征服活动基本停滞了。同时,对西周王权而言,也是一次重大的政治打击。

昭王在位十九年后,穆王即位。在穆王统治时期,周人继续向四方用兵。最出名的是穆王征犬戎。《国语·周语上》记载,贵族祭公谋父用"先王之制"苦苦劝谏,他说:"先王的统治是依靠德行,而不炫耀武力("先王耀德不观兵")。武器,平时要收藏起来,需要时才能动用。一旦动用,就要能够显示它的威力,如果随便炫耀武力,就会显得轻率;一旦滥用武力,就不会有震慑作用了。"他又说,出兵动武一定要师出有名;现在犬戎氏好好地遵其职守,我们攻打它不是违背祖训吗?但是穆王坚持用兵,最终只俘获了四白狼、四白鹿。后代的学者认为,四白狼、四白鹿,可能是仅带有象征意味的战利品,或者是当时北方少数民族部族的若干首领。总之，这次用兵收获有限。从此"荒服者不至"——西北的稳定只是暂时的。

在传说中，穆王非常喜爱到处游历，周行天下。传说他曾经西上昆仑山，与西王母相会于瑶池，留下一段佳话。当他流连在昆仑山的时候，东南方的徐偃王造反，多亏他的大臣造父骑上千里马，一日千里前往救难。故事中的西行，可能就是与伐犬戎有关；后面提到徐偃王造反，却有穆王时期遭受淮夷入侵的史影。这一时期的多件青铜器铭文透露了淮夷入侵的信息：师雍父率王师驻扎古地，并巡查位于今天河南驻马店市汝南县附近的道国和安徽阜阳市附近的胡国。在今天河南平顶山市叶县东的棫林，发生过较大的战役（见䚂簋、禹鼎、彔䚂卣等铭文）。这些铭文表明，这一次淮夷突破了西周东部的防御，直指成周洛邑。学者说，这是西周历史上第一次遭遇大规模入侵。西周在对外关系中的角色发生了变化，由主动出击的征服转向防御。①

穆王时期成为很明显的分界线。此后淮夷的威胁持续存在。厉王时，西六师、东八师联合镇压以鄂侯为首的南淮夷和东夷叛乱（见禹鼎铭文）。宣王时期，主动向淮夷大举进攻，取得胜利。敔簋、虢仲盨、无叀（jì）簋，其上的铭文都记载了周王朝讨伐淮夷的战争。

---

① 李峰著，徐峰译：《西周的灭亡——中国早期国家的地理和政治危机》，上海古籍出版社2007年版。

西王母图（汉画像石）

虢季子白盘（西周后期，陕西宝鸡市出土）铭文，共一百一十一字，记载虢季子白在抗击猃狁的战争中获胜，斩五百战俘首级，抓了五十个俘虏。子白向宣王行献战俘之礼，王嘉奖子白，赐以乘马，令其辅佐王室，并赐弓矢和大钺，使其有征伐之权。

西北的战争继续。《今本竹书纪年》记懿王时期曾派"虢公帅师北伐犬戎",遭到失败;夷王时候西六师攻伐大(太)原之戎,取得成功,"获马千匹"。而厉王时期,多友鼎铭文上记录:"唯十月,用严允(猃狁)方兴,广伐京师,告追于王。"("猃狁"即猃狁)王命令武公"羞追于京师",武公也令多友:"羞追于京师!"——铭文直接说猃狁势头正盛,全力进攻京师地方,周王命令"追击!",武公也下令"追击"!这里的用词显然已经十分紧急,读来仿佛能感受到当时的激烈战况。此外,小盂鼎、虢季子白盘、兮甲盘、不娶(jī)簋等青铜器铭文也都记载了周与猃狁的战争。宣王时候尽管也获得了一些战果,但是三十九年,周人与姜氏之戎在千亩(今山西介休市附近)一战,大败,"丧南国之师"(《国语·周语上》)。"宣王中兴"的振兴局面也就戛然而止了。

与周边部族的战争,是周王朝生存所面临的必然局势,但同时也大量消耗了周王室的军事力量。李峰这样描述西周晚期面临的巨大危机:"无奈之下,周王朝在两个战略目标之间疲于奔命:一方面西周国家的完整性要依赖周王室对东方事务的持续介入;另一方面周王朝的存活却要系于西部的安全。周王朝难以两者兼顾。"①

---

① 李峰著,徐峰译:《西周的灭亡——中国早期国家的地理和政治危机》,上海古籍出版社2007年版。

振兴的努力和最终覆亡

正如上两节所述，西周中晚期，以宗法为核心的分封制度开始显露其难以避免的根本缺陷，直接支持王室财政的王畿土地数量日减，维持贵族和诸侯的赏赐逐渐变得困难；与周边各人群争战不断，甚至直接威胁到了王都的安全。西周晚期诸王对此并非不察，也各自做了些振兴的努力，但这些努力似乎大多在历史上只留下了滚滚骂名。

厉王的时候，"厉始革典"，开始变更旧有的周法。他任用荣夷公为卿士，把原先由贵族、人民共同享有的山林川泽之利收归周王所有。《国语·周语上》记录了贵族芮良夫的严厉批评：王应该将利益合理分配给君臣上下的（"导利而布之上下者也"）；现在周王不但不"布利"，反而学"专利"，这怎么可以呢？普通老百姓如果"专利"，都要被称作抢劫；王来做这等事，谁还会有归心呢？（"匹夫专利犹谓之盗，王而行之，其归鲜矣。"）芮良夫甚至撂下了一句狠话："荣公若用，周必败！"

史书上记载，厉王的政策激起了人们的极大反对。为了消除人们的反对意见，厉王任用卫巫监视百

周幽王雕像

烽火台

姓,百姓在路上相遇,只能用目光示意,表达自己的愤怒。大臣邵公苦口婆心向厉王进谏:"堵塞百姓的议论,其危害比堵塞河流还要厉害啊!("防民之口,甚于防川")河流决堤,会造成大量损失,堵塞老百姓的口,也是一样!所以治理河流,要用疏导的办法;治理百姓,要让他们能够发表意见。况且,人的口又岂是可以封得住的呢?"但是厉王依旧我行我素,甚至以为自己的措施达到了"止谤"的效果,因此兴高采烈。其实,他已经把自己放到国人的怒火上烤了——最终他的行为激起了暴动,国人(邦人)、长官的部属(正人)和军队成员(师氏人)联合起来,驱逐了他。厉王出奔到彘地(今山西霍州市),最终死在那里。青铜器塑盨的铭文,记载了这一历史重大事件。

何谓"专利"?独享利益而非与他人利益共享。上古由于生产力水平低下,山林川泽往往需要共同开发,所以也是全体民众共有的。西周分封,山林川泽之利也是由各级封君共享。① 而

---

① 许倬云:《西周史》,生活·读书·新知三联书店2012年版。

厉王专利，剥夺了各级贵族的共享权，违反了与贵族分享利益的所谓"周道"传统。加上厉王不能很好地处理舆情，反而施以高压态势，被损害了利益的下层贵族和平民愤起逐君，也是势所必然。然而，厉王为什么要"专利"？如果我们结合当时的历史背景，厉王希望以此增加王室财政，从而加强王权的意图，也就昭显出来了。只是厉王的做法过激，失败无可避免。

厉王逃离国都，当时的贵族共伯和代行天子事，史称"共和行政"。在《史记·十二诸侯年表》中，这一年岁次庚申，根据"六十一甲子"干支纪年的规律来推算，即公元前841年。这是中国历史上有明确纪年的开始。

据说国人暴动的时候，国人曾经包围王宫，扬言要杀死太子。大臣召伯虎把太子静藏在自己家中，交出自己的儿子替死。十四年后，厉王在彘地去世，召伯虎拥立静即位，这就是宣王。

宣王即位后采取了一些措施，缓和了因厉王专利带来的与贵族的矛盾，周王朝内部暂时得到稳定。但如何解决王朝所面临的各种危机？宣王采取了向四方用兵的方式。此举如果能够有效，既可以成功转移内部矛盾，也能够从征伐对象中获取经济利益。

于是，宣王亲率南仲、大师皇父、程伯休父等卿士，带领"六师"大部队，征讨南方的淮夷。首当其冲的就是徐国。《诗经·大雅·常武》记述了此次征讨的经过：

赫赫明明。王命卿士，南仲大祖，大师皇父。整我六师，以修我戎。既敬既戒，惠此南国。

王谓尹氏，命程伯休父，左右陈行。戒我师旅，率彼淮浦，省此徐土。不留不处，三事就绪。

赫赫业业，有严天子。王舒保作，匪绍匪游。徐方绎骚，震惊徐方。如雷如霆，徐方震惊。

王奋厥武，如震如怒。进厥虎臣，阚如虓（xiāo）虎。铺敦淮渍，仍执丑虏。截彼淮浦，王师之所。

王旅啴啴，如飞如翰。如江如汉，如山之苞。如川之流，绵绵翼翼。不测不克，濯征徐国。

王犹允塞，徐方既来。徐方既同，天子之功。四方既平，徐方来庭。徐方不回，王曰还归。

出征之前，周王已经命南仲、皇父做好了战争的种种准备；出征之时，天子庄严从容，军队浩浩荡荡，声势浩大，震惊徐国。两军相接，王师攻势迅疾，连绵不断，如山如川，锐不可当。作为淮夷大国的徐，在周师的横扫之下，降服来朝。周王亲征得胜，一句"还归"，其志得意满，跃然纸上。

宣王用兵淮夷，还用到召伯虎一支军事力量。召伯虎大获全胜，得到宣王册命赏赐，《诗经·大雅·江汉》上说："江汉之浒，王命召虎：式辟四方，彻我疆土。……于疆于理，至于南海。"这首诗据说就是召伯虎的作品。

为了巩固南方的胜局，宣王分封自己的元舅到谢地（今河南南阳市），建立申国。这里是王室对付南方的军事重镇，迁申伯到此为方伯，体现了宣王对于南方局势的高度重视。他派遣召伯为申伯相定地点，修筑城郭，建立宫室宗庙，划定田地；经营甫定，宣王亲自为申伯饯行，对其大加封赠，反复叮咛，殷勤眷注，期待申伯能够不负众望，镇抚南方诸侯，保一方平安。(《诗经·大雅·崧高》)

宣王时期的外来威胁，不仅来自南方淮夷，更来自西北方的猃狁。猃狁不断入侵，从今陕西咸阳市三原县一带，深入渭水流域，侵犯镐京，至于泾阳。(《诗经·小雅·六月》："狎狁匪茹，整居焦获。侵镐及方，至于泾阳。")此举极大地震动了周王室，也给普通民众带来了灾难。"靡室靡家，狎狁之故"，"岂不日戒，狎狁孔棘"(《诗经·小雅·采薇》)——因为猃狁(狎狁)，他们失去了家园；因为猃狁，他们得每日戒备。人民这样用诗歌来表达他们的痛苦。

宣王决定解决这个大麻烦。他派南仲驻守朔方，又命令尹吉甫对猃狁进行还击，一直追击到今陕北、晋北一带。几件这一时期的青铜器铭文都记录了宣王对猃狁的作战，比如兮甲盘说"王初格伐狎狁"；不娶簋铭文记载，猃狁侵犯西俞，伯氏命令不娶前往追击，战于高陵；虢季子白盘铭文则称，虢季子白在洛水南岸大破猃狁。

看起来，宣王对猃狁作战取得了不小的战绩；可是从另一方面来说，铭文上所记录的都还是某些局部的胜利。《古本竹书纪年》上说，宣王派遣秦仲讨伐西戎，秦仲却被西戎所杀。周王室到底没有彻底解决来自西北方的威胁。宣王三十九年，为伐姜氏之戎，周王特意调来"南国之师"，结果千亩之战中周人大败，之前在南方取得的军事优势自此一战丧失。

《国语·周语上》记载："宣王既丧南国之师，乃料民于太原。"太原是地名，但具体地点不详。什么叫作"料民"？就是登记人口。之前周王统治地方，是靠贵族控制一个个以血缘或是以聚落为单位的村社，周王没有必要了解这些村社内部的人口数量和土地。现在军力损失惨重，急需兵源补充，宣王不能不亲自过问百姓的数目。另外，很可能在对百姓征税和力役方面，周王室对村社的管理也发生了某些变化，以适应新的形势。

但其实，周宣王即位之初就已经对周礼做了重大改变，"宣王即位，不籍千亩"（《国语·周语上》）。籍田礼，"五礼"中吉礼之一，是指在孟春之月，天子亲率百官，到郊外的公田里亲自耕种，以示表率，也表达天子对于农事的重视与关切。它是一种古礼，源自远古部族首长带头耕种的仪式，在西周，就成为天子最为重要的政治活动之一。宣王为什么废弃籍田礼？有学者推测，厉王已经变更了原先仅将村社公田收益充公的赋税办法，改为选取田土最好、收成最高的田地来进行剥削。这样一来，周王再去公田上示范耕作，还有什么必要呢？

"不籍千亩""料民太原"，宣王比他的父亲更进一步，终于迈出了改变周典旧礼的实质步骤。但这也是当时更加严峻的外忧所逼迫的，周王必须采取新的方式来获得更大的权力，以调动全国之力。但来自王朝西北和东南两个方向的夹击，使宣王时期的中兴局面只是昙花一现。

宣王四十六年（公元前782年），幽王即位，以明年为元年。第二年，发生了严重的地震灾害，泾、渭、洛"三川皆震"，"百川沸腾，山冢崒崩。高岸为谷，深谷为陵"（《诗经·小雅·十月之交》），以古人对灾异的迷信，这些都成了幽王失德的表征，即所谓天怒人怨。

但从西周王朝地理和政治存在结构性危机的角度来看，此前厉王、宣王的努力可谓徒劳无功，制度弊端已经积重难返。要知道，西周中期以来，社会矛盾就已经很尖锐了。人民抱怨"人有土田，女反有之。人有民人，女覆夺之"（《诗经·大雅·瞻卬》），质问：为什么有的人可以喝酒享乐、无所事事，为什么自己就得不停奔波、劳碌呢？为什么有的人没有劳作，却能够获得那么多粮食？没有狩猎，墙上却挂着兽皮？那些贵族，不能够白白吃粮食啊！民众甚至发出了"逝将去女，适彼乐土"（《诗经·魏风·硕鼠》）的呼声。可见周王朝统治的基础已经岌岌可危了。

褒姒雕像（石门文化广场）

幽王的继承人问题上也起了波折。他废嫡立庶，把原来的王后申后及太子宜臼废了，立宠妃褒姒为后，立褒姒所生的儿子伯服为太子。与此同时，朝廷重臣也"大换血"。前朝重臣皇父隐退，幽王重用了被后人评价为"为人佞巧，善谀好利"的虢石父为卿士，又任命自己的叔父郑桓公为司徒——这一番操作，与后世君主废长立幼的做法并无二致，却直接引发了西周王朝的灭亡。

首先，隐退的皇父很可能就是《诗经·大雅·常武》中，宣王麾下讨伐徐戎的太师皇父。据《今本竹书纪年》记载，幽王元年，幽王又赐"太师尹氏、皇父命"。作为宣王朝的老人，在新王继位的时候再次被委以重任，很可能是类似周初召公那样顾命大臣的身份。然而幽王五年，皇父离开京城，到向地（今河南济源市）做都。《诗经·小雅·十月之交》中写的"不留下一个老臣，来守卫我周王（不慭遗一老，俾守我王），"说的正是幽王身边旧朝老人离开的事。《十月之交》又说到了担任司徒的番、作宰的家伯、作膳夫的仲允，还有内史聚子、趣马蹶、师氏楀，加上一句"艳妻煽方处"。《毛诗序》认为这首诗是"大夫刺幽王"所作，诗中提到的"艳妻"指的正是幽王宠妃褒姒。以上六位贵族，旧说都是褒姒一党，打压皇父；李峰以为是皇父一派，受到排挤。①无论如何，一边是太子、皇后、皇父，一边是新王、宠

---

① 李峰著，徐峰译：《西周的灭亡——中国早期国家的地理和政治危机》，上海古籍出版社2007年版。

妃和幼子，可知当时朝堂之上贵族、臣僚必定分别站队，党争无可避免。而在权力交替过程中，老臣要强调维护旧制，新王急于展示权柄，这样的戏码，在后世的朝堂也屡屡上演。皇父离开，太子被废，大概在这一回合，新王称了心意。

其次，太子为申后所生，申后的母家为申侯。《国语·郑语》上说，幽王废太子后仍不放心，想赶尽杀绝，"王欲杀太子以成伯服（褒姒之子）"。这彻底激怒了申侯，他与缯国、西戎联手，反败王师，攻陷周都，幽王和伯服都死于战中。

幽王何以失国？申、缯、犬戎对丰镐的进攻是最直接的一击。然而幽王刚愎自用、一意孤行，恐怕才是更重要的原因。急于掌权，错用虢石父，不顾国家危难，因一己之私分裂朝堂……且不说西周王朝延续到此时，积弊已深，积重难返；就算成康盛世，如果遇到这样一位君主，恐怕也难逃衰败的命运吧。司马迁曾经评过商代最后一位君主纣王的品性："帝纣资辨捷疾，闻见甚敏；材力过人，手格猛兽；知足以距谏，言足以饰非；矜人臣以能，高天下以声，以为皆出己之下。"在晚世之际，君主小心谨慎、常怀恐惧惕厉之心尚难以救世，何况刚愎自用、自以为是的呢？

幽王身死，由继承者带来的分裂并未结束。太子宜臼逃奔申地的时候，受到申、许、鲁等诸侯拥戴，在申（今河南南阳市北）即位，是为周平王。等到幽王被杀，诸侯虢公翰又拥立幽王的弟弟余臣在携地为天子，称携王。二王并立、两周并列的局面持续了十余年。后来，支持宜臼的晋文侯攻杀了携王，周王朝这才又得到重新统一。

为了表达对晋文侯功绩的感激,平王作《文侯之命》,并赐予秬鬯圭瓒,又将河西地赐给文侯。秦伯亦拥立有功,平王于是与秦伯约定,将西土尽赐给秦。

公元前770年,为避犬戎,平王完全放弃了西周宗周和丰镐旧地,在晋文侯和郑武公的支持下,把都城东迁至洛邑(今河南洛阳市),史称东周。

第十二章 西周的遗产

第十二章 西周的遗产

西周王朝的历史,从武王克商到幽王失国,不过二百多年,却是我们今天认为的中国早期国家的成熟阶段。古人常艳称"三代",西周就是"三代"中最为重要的一个时期。孔子曾经赞叹道:"郁郁乎文哉!吾从周。"这一段历史,到底为后世中国留下了哪些珍贵的"遗产",以至后人反复提及呢?

西周留下的政治"遗产"之一是通过有组织地封邦建国带来的一系列影响。笼统而言,封邦建国扩大了中原地区对"四方"区域的影响,使中原文化与四方文化融合。

以辽宁喀左地区为例,1970年以来,该地区相继发现了一些商周时期的青铜器窖藏,大部分具有中原商、周传统风格,如1979年在辽宁锦州市义县的一处青铜器窖藏遗址中发现的大型商代饕餮纹铜俎,还有同时出土的青铜器一鼎、二甗、一簋组合,风格都与中原地区接近。这种礼器组合的模式反映出当地的祭祀制度已受到中原文化的强烈影响。另外,该地出土的一些青铜礼器上还有商代的族徽铭文,而同一种族徽铭文在河南、陕西等地也有出土,它们很可能是商代同一贵族家族的不同分支。如果这种推测成立,那么,喀左一带的青铜器窖藏的主人就可能是商人在当地的一支地方势力。但该地同时也出土了一些带有北方草原民族风格的北方式青铜器，而在日用陶器组合上，则具有明显的本土特点。透过这些现象，我们可以看到，中原文化在当地传播过程中，与该地文化有明显融合迹象。

再以北京昌平区白浮村的西周早期墓葬为例。该墓葬遗址出土的器物中，有西周风格的青铜簋和受周文化影响的陶鬲，而在埋葬习俗上，则有腰坑和殉狗，这种葬俗与琉璃河燕国墓地中殷代遗民的葬俗相同。但同墓出土的青铜短剑、兽首刀及头盔、皮靴等物，则带有明显的北方民族特色。考古学家推测，墓主的身份大概是臣属于西周的燕国的少数民族首领之一。虽然他的着装和佩带的兵器还遵循着本民族的习惯，但其所使用的青铜礼器和埋葬习俗却已经纳入了西周燕国的轨道，这表明当地的上层居民已经接受了中原地区的礼仪制度。中原核心区对四周地区人群的强烈影响由此可见一斑。

西周制度更直接的影响是通过分封活动，为春秋战国时期的列国区域性政治经济中心的出现奠定了基础。

西周时期，中原文化对周边地区的影响较商代更为持久和深入。原因是周人灭商后实施了大规模的分封措施，将大批同姓子弟和异姓亲属分封到了四方各地。这些新建诸侯国，如鲁、齐、卫、晋、燕等国，其人群构成进一步复杂化，既有周人，又有殷遗民，还有本地土著居民，族群融合速度加快；另外，受封者还从中原地区带来了西周王朝的制度文化，与本地文化相结合，最后形成了若干区域性政治文化中心。

在西周前期，这些诸侯国内的青铜器形制、器物组合模式、铭文字体等与周王朝保持了高度一致，表明这些地区的制度文化传统在向中原王朝地区靠拢。但这些地区本身所具有的地域文化色彩仍有一定程度的保留，由此形成了周代文化面貌的"多样性统一"格局。春秋之后，王权式微，周王朝政治影响力衰落，这些区域性文化因素才得以重新凸现。

另一方面，我们也不能忘了，西周分封是以"溥天之下，莫非王土；率土之滨，莫非王臣"为前提的，是作为巩固和维护周王对天下统治而实施的方式。因此，尽管周人以与贵族"分享"的方式来统治天下，分封最终又为列国的形成奠定了基础，但始终存在一个以王朝地区周文化为底色的"大地域"的文化传统。即使是在兼并战争最为激烈动荡的战国时期，人们也清楚知道"天下定于一"这种历史趋向是不可逆转的。中国人总是爱说"合久必分，分久必合"，历史上也的确出现过好几段时间并不短的分裂时期，可为什么人们总是坚信一定还会回到"天下合一"的状态？西周，包括之前的夏和商，在观念上所形成的"大地域统治"的政治传统，应该是不可忽视的文化基因之一。

还有"中国"的观念。何尊铭文上的"宅兹中国"，《洛诰》中提到的"天下之中"，都是周统治者选择建立自己都城的理由。为什么后世地方政治势力总有"逐鹿中原"的冲动？为什么历代政治家们会认为占据中原或是保存中原文化才是政治合法性的核心内容？以西周为代表的"三代"的选择，不能不说为后世的所谓政治"正统"的观念注入了最初也是最基础的内容。

就连"分封"本身,也始终是后世统治者如何统治国家的一个选项。虽然秦朝统一天下后采取的是郡县制的统治模式,虽然自西晋"八王之乱"以后,历朝几乎不再采取实质分封宗室为诸侯的方法,但是,给予宗室封邑的形式还是保留了下来。当然,皇帝不断想办法防范宗室,宗室以封邑为基础觊觎皇位的事例仍然层出不穷。尽管如此,历代政治家和学者在反思皇帝集权弊端的时候,还是会想到分封曾有的好处,即地方分权和自治。明末清初思想家顾炎武提出应该创制一种能够"寓封建之意于郡县之中"的新制度,就是希望能够在郡县制所维护的高度统一的中央集权底下,留给地方一定程度的自治空间。

西周的宗法给后人留下了深刻的印象。西周宗法是否已经形成了严格的"大宗一,小宗四"的结构?周天子和诸侯到底行不行宗法?针对这些问题,后人一直都在争论,但是西周王朝的确充分利用了血缘宗族关系进行统治,不仅保留了大量的宗族和氏族集团,而且还以此作为统治的基础。在西周宗法制度下,"父"既是宗君又是尊长,君臣之义等同于父子血亲。血缘宗族集团与地缘政治相结合,这不能不说是西周政治的一大特点,也成为中国古代政治文化的重要内容。战国时期各国改革的一大举措就是冲决旧有贵族血缘关系的束缚,打击旧贵族,鼓励以军功为基础建立新的特权阶级,秦国商鞅变法更是析分大家庭为小家庭形式，但血缘宗族的影响始终未绝。后世王朝始终是"皇家"的天下，而东汉后期出现的累世公卿、魏晋南北朝的世家大族、隋唐的关陇集团、宋代地方宗族的重新构造……宗法制度催生以"家"为本位的社会伦理体系，"忠"与"孝"的观念，士人为"齐家治国平天下"的理想所鼓舞，祠堂、家谱、义田，族权、父权与夫权等这些，无一不是西周宗法制度的"遗产"。

西周另一个被后人津津乐道的"遗产"，就是周公的礼乐。周人改造了源于事神祈福的原始宗教仪式，将之变为规范国家政治和贵族生活方方面面的统治制度。从此"礼"与"法"、"礼"与"治"、"礼"与"教"相结合，通过各种礼的举行，社会秩序和规则得到确立和维护。礼强调各等级的权利和义务以达成社会的稳定秩序，乐的作用则在于协调上下、体现和谐，因此即使是经历了一次次"礼崩乐坏"，礼乐仍然是历代王朝政治制度的基石。在此基础上，孔子进一步对"周礼"进行改造，为"礼"赋予了"爱人"（"仁"）的内涵，将"仁"作为"礼"的核心和本质，主张"克己复礼为仁"。于是在儒家的思想中，"礼"不仅仅是国家制度规范的总和，还是个人修养、追求道德至上境界的根本途径及方法。我们看到，各个时代具体的礼乐制度虽然在变动，但是其重视"秩序与和谐"的礼乐精神至今不泯。至于其所造成的中国古代重"文"、重"名"的传统，繁复、含蓄、迂回、隐晦的表达方式，又在多么大的程度上塑造了传统"中国人"的形象啊！

再如"井田"。"井田"的具体细节，至今仍存在大量争论，

晋侯对盨（西周晚期，上海博物馆藏）

历代研究者对西周井田的研究论著可谓汗牛充栋，一些学者致力于多方考证，试图在故纸堆中摹画历史的真相，另一些政治家和思想者则着迷于这项制度所体现的"圣人制度的精微之意"，那就是"田土无私"的"公天下"，"无甚贫甚富之民"的天下平均大同。在他们的心目中，井田制已经上升为一种社会理想，三代"田园牧歌"式美好生活的一个象征性符号。所以我们不必奇怪，为什么每当田土大量兼并、导致王朝国家逐渐失去其租赋和人口时，总会出现"恢复井田"的"书生之论"。这不正是"井田"挥之不去的影响吗？

周人继承并发展了殷商的宗教信仰，提出"天命"作为统治合法性的唯一依据。然而在通过各种仪式敬祀上天的同时，周人已经认识到统治者自身德行的重要性。对于前代的批判和反思，促使周人产生对现实的警惕和忧患的意识。我们已经能够看到后世"人文精神"的滥觞，也不难看出儒家的历史渊源之所在。西汉刘歆认为：儒家者流，盖出于司徒之官；道家者流，盖出于史官；阴阳家者流，盖出于羲和之官；法家者流，盖出于理官；名家者流，盖出于礼官；墨家者流，盖出于清庙之守；纵横家者流，盖出于行人之官；杂家者流，盖出于议官；农家者流，盖出于农稷之官；小说家之流，盖出于稗官……（《汉书·艺文志·诸子略》）对于"诸子出于王官"的观点，至今学界仍有争论，但不能否认，西周的王官之学，战国时候的确成为"诸子之学"共同的知识来源。中华传统文化中重要的内容儒与道、法与儒；中国古代思想家们持续讨论的命题道与天命、德行、秩序……我们都能够从西周的文化中找到它们的雏形。所谓"书不读三代以下",由此可以想见,周代的史事、人物、典章制度怎样构成古代士人知识世界的底色。

西周,这个遥远的王朝,到底还给我们留下了多少政治和文化的"遗产"呢?王国维曾说:殷周之际,发生了中国政治与文化的巨大变革。西周时期,我们今天所谓"中华传统文化"的许多基因和特点初现其形。审慎地清点和反思这些历史"遗产"本身,其实在某种意义上也正是对周人历史文化的继承。

结束语

三代史是一个整体，从公元前21世纪一直延续到公元前770年平王东迁时，凡一千三百年的漫长岁月，大约占据了整个五千多年中华文明史的四分之一。

这是为我们国家和民族奠基的时代。

在这一千三百年间，生产力有了突飞猛进式的发展。先民从石器时代走到了青铜时代，正在叩开铁器时代和牛耕时代的大门。

在这一千三百年间，华夏地区与四夷的交往十分频繁。通过商贸，通过人口的自然流动，通过种族间的婚配，当然也通过战争，种族和民族间的融合已经达到了很高的程度，以至于连禹这样的大人物也说不清自己是华夏人还是四夷人了。

在这一千三百年间，最重大的文化成果是大致上形成了礼仪之邦的民族文化模式。这种文明礼仪到周代已经进入了极致阶段，以至于将礼乐文化与社会生活、政治生活、军事生活、文化生活、祭祀生活融合在了一起。

周的盛极一时起于礼乐文化，而周的败亡也起于"礼崩乐坏"。到了平王东迁以后，周王室的权威大为下降，从诸侯专政进而发展为大夫专政，这样周礼、周乐就形同虚设了，社会迈入了"春秋时代"。这是一个"无义战"的时代，此言怎讲？请读一读下一部《大国争霸与士的崛起：春秋》便可知晓。

主要参考书目

［汉］司马迁：《史记》，中华书局1959年点校本。

《十三经注疏（清嘉庆刊本）》，清阮元校刻影印本，中华书局2009年版。

［清］孙星衍：《尚书今古文注疏》，中华书局1986年版。

朱右曾辑、王国维校补；王国维撰，黄永年校点：《古本竹书纪年辑校·今本竹书纪年疏证》，辽宁教育出版社1997年版。

中国社会科学院考古研究所编：《殷周金文集成》（1—18），中华书局1984—1994年版。

郭沫若：《两周金文辞大系图录考释》，科学出版社1957年版。

唐兰：《西周青铜器铭文分代史征》，中华书局1986年版。

张亚初、刘雨：《西周金文官制研究》，中华书局1986年版。

金景芳：《金景芳古史论集》，吉林大学出版社1991年版。

晁福林：《夏商西周的社会变迁》，北京师范大学出版社1996年版。

陈恩林：《先秦军事制度研究》，吉林文史出版社1991年版。

陈汉平：《西周册命制度研究》，学林出版社1986年版。

杜正胜：《周代城邦》，联经出版事业公司1979年版。

李朝远：《西周土地关系论》，上海人民出版社1997年版。

李峰著，徐峰译：《西周的灭亡——中国早期国家的地理和政治危机》，上海古籍出版社2007年版。

李峰著，吴敏娜等译：《西周的政体——中国早期的官僚制度和国家》，生活·读书·新知三联书店2010年版。

夏商周断代工程专家组编著：《夏商周断代工程1996—2000年阶段成果报告·简本》，世界图书出版公司2000年版。

谢维扬：《周代家庭形态》，黑龙江人民出版社2005年版。

许倬云：《西周史·增补二版》，生活·读书·新知三联书店2012年版。

杨宽：《西周史》，上海人民出版社1999年版。

杨宽：《先秦史十讲》，复旦大学出版社2006年版。

杨向奎：《宗周社会与礼乐文明》（修订本），人民出版社1997年版。

朱凤瀚：《商周家族形态研究》（增订本），天津古籍出版社2004年版。

朱凤瀚、张荣明编：《西周诸王年代研究》，贵州人民出版社1998年版。

朱凤瀚主编：《新出金文与西周历史》，上海古籍出版社2011年版。

［日］佐竹靖彦主编：《殷周秦汉史学的基本问题》，中华书局2008年版。

附录一：西周大事记

该大事记的公元纪年以"夏商周断代工程"为年代基准，分为两个部分：公元前841年之前和公元前841年之后。借鉴相关史料和青铜铭文依次罗列。

武王（前1046—前1043），在位四年

元年，二月甲子日，牧野之战，作《牧誓》。武王克殷。

立纣子武庚禄父为商后，封管叔于管、蔡叔于蔡，监视殷遗民，是为"三监"（一说加上霍叔）。第一次分封诸侯。

三年，有疾，周公祷于坛，作《金縢》。

四年，病重而崩。

成王（前1042—前1021），在位二十二年

元年，王即位。周公相成王。

夏六月，葬武王于毕。

二年，武庚禄父与管叔、蔡叔叛，成王、周公及召公兴兵平叛。禄父北逃，杀管叔，囚蔡叔。

三年，杀武庚禄父，迁殷民于卫。

四年，伐奄，灭薄姑。

五年，迁殷遗民于洛邑，营建成周。

七年，成周成，周公归政成王。

在位期间，第二次分封，封建诸多宗亲功臣：封康叔于卫，封伯禽于鲁，封姜尚于齐，封克于燕，封唐叔于唐等。

康王（前1020—前996），在位二十五年

元年，甲戌春正月，王即位。

"成康之际，天下安宁，刑错四十余年不用。"

伐鬼方。

二十五年，王崩。

昭王（前995—前977），在位十九年

元年，王即位。

十六年，伐楚，涉汉，遇大兕。

十九年，伐楚，丧六师于汉。王崩。

穆王（前976—前922），在位五十五年

元年，王即位。筑祇宫于南郑。

十二年，穆王征犬戎，祭公谏，王不听。得四白狼、四白鹿以归。

又有伐徐、伐荆、伐越等记载，上昆仑见西王母的传说。

作《吕刑》。

五十五年,王崩。

共王(前922—前900),在位二十三年

元年,王即位。

四年,王师灭密。

二十三年,王崩。

懿王(前899—前892),在位八年

元年,王即位。天再旦于郑。

在位期间,王室遂衰,戎狄交侵。

八年,王崩。

孝王(前891—前886),在位六年

元年,王即位。

在位期间,封非子于汧、渭之间主马政,袭嬴姓。

某年,冬,大冰雹,牛马死,江汉俱冻。

六年,王崩。

夷王(前885—前878),在位八年

元年,王即位。

二年,蜀人、吕人来献琼玉。

三年,烹齐哀公,立其弟为胡公。

七年,虢公率师伐太原之戎,至于俞泉,获马千匹。

八年,王有疾,诸侯祈于山川。

王崩。

厉王(前877—前841),在位三十七年

元年,王即位。

在位期间,好专利,任荣夷公为卿士。使卫巫监谤,国人莫敢言。

西戎叛王室。

共和元年(前841年),国人暴动,厉王奔彘,召公子代太子静死。共伯和行政。

宣王(前827—前782),在位四十六年

元年(前827),王即位。

四年(前824),使秦仲伐西戎,秦仲为戎所杀。

五年(前823),使尹吉甫率师伐猃狁。又伐荆蛮。

十二年(前816),宣王所立鲁太子戏即位为鲁懿公。

二十一年(前807),鲁人杀懿公,立伯御。

二十二年(前806),宣王封弟友于郑。

三十一年(前797),伐太原之戎,不胜。

三十二年(前796),宣王伐鲁,立孝公。

三十六年(前792),伐条戎、奔戎,王师败绩。

三十九年(前789),伐姜氏之戎,战于千亩,王师败绩。丧南国之师,料民于太原。

在位期间，不籍千亩，虢文公谏而不听。

四十六年（前782），王崩。

幽王（前781—前771），在位十一年

元年（前781），王即位。

二年（前780），泾、渭、洛竭，岐山崩。

八年（前774），郑桓公为司徒。王立褒姒之子伯服为太子。

在位期间，命伯士伐六济之戎，军败，伯士死。

十一年（前771），申侯及犬戎入宗周，杀幽王、伯服于戏。郑桓公战死。犬戎掳褒姒而去，西周亡。

附录二：西周世系表

谥号	姓名	在位时间
周武王	姬发	前1046—前1043
周成王	姬诵	前1042—前1021
周康王	姬钊	前1020—前996
周昭王	姬瑕	前995—前977
周穆王	姬满	前976—前922
周共王	姬繄扈	前922—前900
周懿王	姬囏	前899—前892
周孝王	姬辟方	前891—前886
周夷王	姬燮	前885—前878
周厉王	姬胡	前877—前841
共和		前841—前828
周宣王	姬静	前827—前782
周幽王	姬宫涅	前781—前771

【注】

公元纪年以"夏商周断代工程"为年代基准。

后 记

这本有关西周史的读本，是"简明中国通史"系列丛书中的一种。感谢丛书总策划兼主编郭志坤先生的信任和鼓励，让我有机会把自己对西周史的研究和教学的一些总结，通过这样一本图书表达出来。

我自1996年跟随谢维扬老师学习先秦史，1999年完成博士论文《王权：西周中央权力研究》，毕业后十多年来一直教授中国古代史的先秦史部分，始终没有离开西周史这个研究的兴趣点，间或有些研究心得。但是要写作一本与西周全史有关的著作，那又是另一回事了。一是早有珠玉在前，如杨宽先生的《西周史》、许倬云先生的《西周史》，以及近年李峰先生的两部专著《西周的灭亡》和《西周的政体》，加起来完全就是最新版的《西周史》了；二是近年来研究资料不断丰富，新的考古发现和新的青铜器研究，消化起来并不容易。而且，在西周史领域，传世文献研究、出土资料研究都有大量的成果，也还存在许多有分歧的看法，要整合它们，也是不小的挑战。

最终呈现的这本图书，在展现西周历史全貌的基础上，还希望能够反映西周史研究的新成果，也结合自己的一些研究体会。

如果能让读者对这段历史有较为准确的了解，并进而对某些专题产生兴趣，作为作者，幸莫大焉。但由于学力、能力所限，书中一定还存在许多不足之处，包括文字上的粗糙与不够从容，恳请读者诸君批评指正。

　　在本书写作过程中，我参照了许多学界前辈及同人的相关研究成果，限于体例，不能一一注明，谨此致谢。

　　华东师范大学历史系硕士研究生陆琦扬、高雪同学，帮助我做了一些写作的前期准备工作，也一并表示感谢。

　　最后，感谢詹鄞鑫师、谢维扬师、李朝远先生、牟发松老师、章义和老师一直以来对我的鞭策。

黄爱梅
2014年2月

重版后记

《细讲中国历史丛书》(12册)于2015年由上海人民出版社出版,并于当年12月入选国家新闻出版广电总局首届"向全国推荐中华优秀传统文化普及图书"名单,2016年2月获第十四届上海图书奖一等奖。2017年6月由香港中华书局出版繁体字版本,在港台地区发行。2019年7月以来,"丛书"12册音频先后在喜马拉雅"文柏讲堂"上线,迄今已有近一亿人次的收听。这对于孜孜以求中华历史普及工作的我们,当是极大的嘉勉。遵照读者的反馈意见,"丛书"的作者对每一册书都做了精心修改。承蒙天地出版社垂爱,将丛书名改为《简明中国通史》,予以重新排印出版。在疫情防控期间,作者、编者研精毕智、一丝不苟的精神令人感佩,专此后记,谨以致谢,并告慰2019年病故的我们敬爱的主编之一李学勤先生。

郭志坤

2023年3月于上海

国立音楽大学・音楽文化教育学

天壹文化